Gottesbuch

Herzengel

Gottesbuch

Gottesbeziehung

Zugänge zu Gott finden

Bibliografische Information der Deutschen Nationalbibliothek:
Die Deutsche Nationalbibliothek verzeichnet diese Publikation in der Deutschen Nationalbibliografie;
detaillierte bibliografische Daten sind im Internet über
http://dnb.d-nb.de abrufbar.

© 2010 Herzengel
Satz, Umschlaggestaltung, Herstellung und Verlag:
Books on Demand GmbH, Norderstedt
ISBN: 978-3-8391-5606-3

Inhaltsverzeichnis

Vorwort:

Dieses Buch schreibe ich für all die Menschen, die Gott suchen, sich auf dem Weg zu Gott befinden und für Menschen, die Stärkung in ihrer Gottes Beziehung erfahren möchten, d.h. tiefgründig spüren möchten, wie Gott ist.

Eine großartige Erfahrung, die ich mit Gott machen durfte, hat mich veranlasst dieses Buch zu schreiben. Dank, Ehre und Lobpreisung widme ich ihm, mit diesem Buch. Somit möchte ich allen Menschen, die dieses Buch in die Hände gelegt bekommen, die Möglichkeit geben, ihre innere Stimme von Gott zu hören und zu fühlen!

<u>Zu meiner *Person:*</u>

Mein Weg zu Gott!!!!

Ich liebe meinen Gott ♥♥.....
den Gott in meinem Inneren.....im Herzen!!!!

Zugänge zu Gott / Gottes große und unendlich große Liebe spüren / erfahren / begreifen!!!!

Nach vielen kleinen und großen Schicksalsschlägen und einer Krankheit, die keiner wusste wo sie herkam, und die daraus resultierenden Gefühle, wie Ohnmacht, Verzweiflung, Angst, bewegten mich zu einer Heilpraktikerin und Reikimeisterin zu gehen. Ich dachte damals nur noch, egal was jetzt noch kommen mag, da gehst du durch, lässt einfach alles mal auf dich zukommen, es kann ja nicht schlechter kommen als es jetzt schon ist. Schon bei der ersten Begegnung mit dieser Person, dachte ich, da ist was ganz anderes in der Luft, wie man so sagt, als bei meinen vorherigen Arztbesuchen und ich schöpfte Vertrauen zu dieser Person und erzählte und erzählte ....

Nach und nach erkannte ich, dass mein Leiden mit meiner Seele, mit meiner Gottesbeziehung und mir zu tun hat. Wenn die Seele leidet, kann sie sich durch körperlichen Mißstand ausdrücken und so auf sich aufmerksam machen.

Ich erkannte, dass die Heilung durch Gott geschehen darf, wenn ich bereit bin den Lichtweg zu Gott zu gehen. Hand in Hand mit ihm gehen! **Die Heilung meiner Seele ..... Hand in Hand mit ihm!** Gott der immer schon da war und ist, ich aber auf die Stimme nicht hören wollte.

Ich hatte damals einfach nicht das Vertrauen auf die göttliche Führung und die unendliche Liebe, die von Gott ausgeht. Ich dachte immer mein Bauchgefühl, ach was, das sind doch Gefühlsschwankungen, die eben eine Frau so hat. Durch intensive Gespräche mit der Reikimeisterin und ihre Art der Behandlung wurde mir klar, in meinem Leben muss sich jetzt etwas ändern und ich war bereit, dies zu zulassen und öffnete mich immer mehr...... . **Im Loslassen, etwas Zulassen und etwas zu Belassen** liegt eine große Kunst, die die Behandlung stark beeinflußte. Es gibt Dinge im Leben, die haben seine Daseinsberechtigung. Es sind Lernfelder für den Menschen, um zu erkennen, wo ist der Weg, wo gehe ich hin, bin ich noch auf dem richtigen Weg? **Der Weg zu Gott hat Blumen und Steine!!!!** Gott gibt dir immer nur soviel zu tragen, wie du auch tragen kannst. Diese Sätze standen im Raum und ich durfte erkennen, dass auch die dunkle Seite, die jeder Mensch in sich trägt, auch mit einem spricht. Es gibt also zu unterscheiden, wer mit einem spricht, ist es Gott oder einer der Dunklen?!

Dies zu erkennen war durch den Heilungsprozess der Therapie immer mehr möglich, weil ich immer mehr Gott, Gottes Licht und Liebe in mein Herz gelassen habe. Außerdem gibt es auch eine Möglichkeit dies in Gedanken und Worten abzufragen. Schwörst Du vor Gott, dass Du im Licht bist?! Oder schwörst Du vor Gott, dass Du ein Engel bist? Vor Gott haben die Dunkeln keine Chance, sie gehen weg. Aus der Leitung, aus der Verbindung mit IHM.

Natürlich sind die Verlockungen der Dunkeln auch sehr groß, weil sie einem doch oft Annehmlichkeiten vermitteln wollen, die das Leben leichter machen sollen, wie z.B. der Alkohol. Man lässt sich berieseln und schon wird alles besser, nimmt man an.... . Doch das Resultat kennen wir alle!!! Wenn dieser Mensch abhängig wird, endet dies meist in der Klinik oder ganz unten. Ein sozialer und menschlicher Abstieg ist nicht mehr zu verhindern. Gott wird das, wenn wir uns auf dem Lichtweg befinden, niemals zulassen. Dies ist immer ein Werk der Dunklen!!!!!

Ich sagte zu Beginn, auf dem Weg befinden sich Blumen und Steine, ja Steine. Hier ist insofern gemeint, es werden immer wieder Anfechtungen von Seiten der Dunklen sein und diese Steine gilt es zu überwinden, zu erkennen und sie nicht zu zulassen. **Jeder Mensch hat die Chance sich jeden Tag neu für das Gute zu entscheiden.** Um die göttliche Führung zu bitten und mögen Dich die Engel, die bei Dir sind, begleiten und schützen. Es gibt in der Reiki Ausbildung auch das Wort **Cho Ku Rei,** das heißt übersetzt: **Gott ist hier.** Dieser Satz hat eine wunderbare Wirkung .... Dann müssen die Dunkeln weichen und der Weg / Kanal zu Gott ist frei!!!!! Für das Wort Cho Ku Rei gibt es auch ein gemaltes Zeichen, dass man in die Luft zeichnet. Dieses Zeichen sehen Sie auf der folgenden Seite.

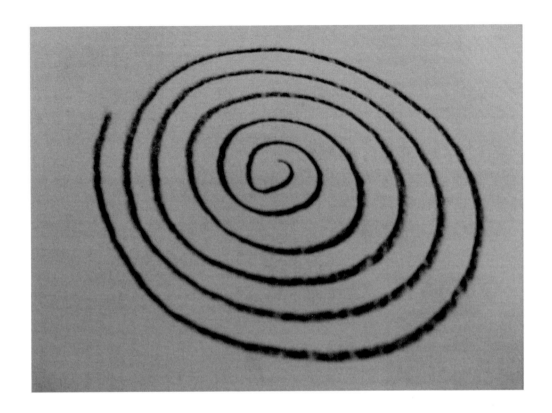

Gott ist hier und ich folge Ihm ist ein Satz, den die Dunkeln gar nicht hören wollen. So hat man die Gewissheit, dass sie einem nicht mehr im Wege sind und man kann mit Gott ein Gespräch führen. Seine Anliegen, Wünsche und Gedanken freien Lauf lassen. Er hört zu und er antwortet gleich. Es kann sein, dass man seinen Wunsch nicht gleich oder auch gar nicht erfüllt bekommt, weil dein „Selberweg" ein anderer ist, als du denkst!!!

Was Gott damit sagen möchte, dass Dein Wunsch, Anliegen möglicherweise nicht der ideale Weg für Dich sein kann. Er hat sich einen anderen Plan ausgedacht und dieser ist immer, der für Dich **passende, und ein Weg, der Dich beschützt.**

Gott gibt dir aber immer die Möglichkeit zu wählen. Der Lichtweg ist nie ein Weg, wo Gott Dich ins Verderben rennen lässt. Er gibt Dir Aufgaben im Leben die Du zu bewältigen hast, die Du bewältigen kannst, weil **ER** bei Dir ist!!!

Wenn Du bereit bist mit Ihm zu gehen.

Fragen an Gott

Du sollst Ruhe haben, d.h. allein sein, nur du und Gott!! Das ist wichtig, um in Ruhe die Fragen zu stellen und auch die Antwort zu hören.

Vor allem am Anfang deiner Beziehung zu Gott ...... ist **Ruhe** wichtig. Später hörst du ihn auch, wenn es um dich etwas lauter ist! Das funktioniert so, um so mehr du Gottes Liebe zulässt, um so deutlicher hörst du ihn!

Mit Vertrauen und Mut schaffst du es!!! **Immer mehr zu zulassen!!! Gib Gott und dir die Chance!!!** Gib nicht gleich auf, wenn du ihn nicht hörst.... . Versuche es immer wieder!! Er kommt, bzw. **Er ist da!!!** In dir, in deinem Herzen!

Spürst du eine Wärme im Herzen oder auch ein Herzklopfen, Schlagen, Pochen, oder ähnliches? **Weißt du, ER ist zu fühlen!**

Gott kann man nicht nur **hören**, sondern auch **fühlen!!**

Lass es Stück für Stück zu!! Spürst du Gottes Licht, Energie in deinem Körper? Ein wohlig warmes Gefühl durchflutet dich!!! Ja, so ist Gott!!

Wenn dein Herz ganz und gar Gott gehört....., dann versuche mit den Fingern abzufragen.

Dies wird wie folgt beschrieben:
1. Strecke deine Hand nach oben gerichtet.
2. 1. Frage: Schwörst du vor Gott, dass du Gott zu mir sprichst?
   Die Finger bewegen sich zusammen, das heißt ja!
3. Frage Gott: Bin ich im Licht?
   Die Antwort darauf kann so sein: gehen deine Finger zusammen heißt das ja! Gehen deine Finger nach unten, bist du gerade nicht im Licht und das heißt auch nein. Dann solltest du versuchen, dass du wieder ins Licht kommst.... . Das geht wie folgt: sage: Cho Ku Rei = Gott ist hier oder Sei He Ki = Licht ins Dunkel. Versuche zu beten, dass Licht und Liebe in dein Herz kommt. Spürst du wieder Wärme im Herzen, dann frage wieder ab, ob du im Licht bist!! Gehen deine Finger zusammen, dann heißt es ja.
4. Nun kannst du deine Frage stellen. Gott antwortet.... .

Die Finger gehen zusammen, das heißt ja.

Die Finger gehen nach unten, heißt nein.

Die Finger bewegen sich gar nicht, heißt neutral; du bekommst keine Antwort, frage anders oder zu einem späteren Zeitpunkt!

5. Frage Gott nach der Antwort die du von ihm erhalten hast: Ist es lieber Gott dein Wille? So kannst du sicher sein, dass sich dein eigener Wille nicht über Gottes Wille stellt!!!

Wenn du eine Antwort erhalten hast, vergiss nicht zu danken! So, wie wenn dir ein anderer Mensch hilft. Da sagst du ja auch danke!

Wenn du deine Antworten erhalten hast, sage: Amen, so sei es und lege deine Abfrage - Hand auf dein **Herz!** Damit besiegelst du deine Antwort. Handle nur danach, weil Gott es so will und es für dich der **gute Weg ist**!!!

Gott liebt dich und führt dich ins Glück, zur Freude, zur Liebe, ins Licht!!

Amen ich sage euch:

Wer mir folgt, hat ein Herz voller **Licht** und **Liebe**!!

Kleine Zwischenmeditation

Denk Dich an einen Ort, an dem Du jetzt gerne wärst. Schließe die Augen und höre nur mal Dir zu, deinem Atem, Deiner Seele .... was sagt sie Dir?! Werde ganz ruhig und lass mal all Deine Sorgen und Probleme des Alltags hinter Dir ....

Höre in Dich und werde still ....

In der Ruhe liegt die Kraft und das in Sich hinein hören.

Wenn Deine Gedanken ganz frei werden .... und Du keinen Ballast spürst, dann lass Dein Herz sprechen zu dem, der unser Vater, Gott, der in unserem Herzen wohnt und Dich liebt. Gott hört Dir immer zu, er gibt Dir Antworten zu Deinen Fragen, er lässt Dich nie allein. Er ist stets bei Dir, beschützt und behütet Dich durch seine Engel, die Dich umgeben. Schenk IHM Deine Liebe, hab Vertrauen, er ist dann immer bei Dir. Eine Wärme fließt durch Dich und Du spürst die göttliche Energie in Dir. Dieses Gefühl ist so herrlich und großartig wie es Dir kein Mensch je geben kann.

Gott ist überall Zuhause, egal an welchem Ort Du Dich befindest, egal zu welcher Zeit. Du kannst immer mit IHM reden, er ist immer für Dich da!!!!

Feuerwalze, meine Beziehung,
Meine Liebe zu Gott!

Gott ist für mich, wie eine Feuerwalze, die am Himmel brennt! Voller Kraft, Energie, Liebe und Licht. Gott ist für mich die größte Liebe und mein Herz ist voller Liebe und Licht für ihn. Es ist <u>unbeschreiblich das Gefühl, dass ich empfinde!</u> Es ist so <u>großartig,</u> wie es mir kein Mensch je geben kann.

Gott ist der Mittelpunkt in meinem Leben, ohne ihn möchte ich nicht mehr sein!! Er füllt mich mit der Kraft der Liebe und des Lichtes!!!

Gott ist für mich die größte Liebe. Und ich danke ihm, dass er mich führt und lenkt!!

Ich möchte mich bei ihm **bedanken,** für **all** die Möglichkeiten, die ich kann, seitdem ich klar im Herzen bin und den Lichtweg gehe.

Ich möchte mich tief bedanken dafür, dass ich das besondere Buch schreiben darf, gerade ich?!

Das frage ich mich oft.... . Und dafür verneige ich mich tief und sage: „Danke!"

In tiefer Liebe dein

Herzengel ☺

Gottes Liebe ist so groß ......

Gottes Liebe ist so groß, so groß wie es sich kein Mensch je vorstellen kann. Gottes Liebe ist ewig und immer da. Gott ist aus Liebe und Licht und deshalb in dir verankert und ER weckt ein tiefes Gefühl in deinem Herzzentrum fühlbar und sichtbar. Deine Gefühle werden sichtbar durch dein Handeln, dein Tun. Lässt du also zu, dass Gott in deinem Herzen wirkt, wird dein Tun und Handeln von ihm gelenkt und du strahlst Liebe aus. Das merken die Menschen um dich herum, und du kannst die Menschen durch deine Art, Liebe auszudrücken, mitreißen, sie begeistern, so dass sie denken, so möchte ich auch sein. Du kannst durch deine Ausstrahlung sie zum Umdenken bringen, ihren Weg zu Gott zu hinterfragen bzw. sie vielleicht sogar zu öffnen für Gottes Wort. Je mehr der Mensch Gott zulässt, je mehr Licht und Liebe verbreitet der Mensch in die Welt.

Das heißt auch, dass ein Mensch der voller Liebe und Licht ist, viele Menschen zum Umdenken leiten kann, zum Licht führen, zum Selberweg, zu Gott. Denk nach was du als einziger Mensch schon ausrichten kannst. Die Welt zu verändern, die Welt lichter, heller zu machen, so dass die Welt strahlt im neuen Licht. Also mach dich nicht klein und denke, ich kann sowieso nichts ändern, das stimmt nicht!!!

Vor Gott ist jeder Mensch wichtig und gewollt, jeder Mensch hat Aufgaben die es zu erfüllen gibt!!

Jeder Mensch kann, wenn er Gottes Licht in sich trägt, die Welt verändern, zum Licht begleiten.

Das heißt, du bist ein besonderer, wertvoller, liebenswerter Mensch, wenn du Liebe ausstrahlst.

Glaube mir, die Menschen möchten von Lichtmenschen etwas hören, sehen und fühlen. Es bedarf solcher Menschen, damit sich andere Menschen daran orientieren können. Liebe braucht jeder Mensch, ohne Liebe kann der Mensch nicht existieren. Er geht ein, wie eine welke Blume. Die Liebe ist das größte Gefühl aller Gefühle und am Ende ist immer das was zählt, die Liebe. Alle

Taten die aus Liebe getan werden, hast du mir, deinem Gott, getan, und ich freue mich unendlich über dieses Tun!!!

Denke, alles was du aus deinem ganzen Herzen tust, ist von mir gelenkt und geführt!!!! Denn ich bin Gott, Gott der Liebe!!!! Und ich liebe dich unendlich!!! Du bist mein Kind und ich werde dich zu gegebener Zeit wieder zu mir holen!!!!

Jetzt aber hast du Aufgaben, die es mit Hilfe meiner Engel zu bewältigen gibt!!!!!

So dass es auf deinem Selberweg weiter gehen kann!!!!

Amen, ich sage euch: wer mir folgt, ist dem Himmel nahe!!!

Die, die mir folgen, bekommen das Himmelreich zu sehen, ein Reich des Friedens und der Liebe!!!!

Sprich nun ein Gebet, ein Gebet von Herz zu Herz, und sei dankbar für das was du sehen darfst, weil du gehen willst, du Gottes Liebe zulässt und somit deine Augen geöffnet sind!!!

Für die Wunder, die Gott für dich bereit hält.

Der Friede ist mir dir!!!!

*<u>Prüfungen und Aufgaben von Gott,
ob du dich auf dem Weg der Liebe
befindest!!!</u>*

Jeder Mensch hat eine **Lebensaufgabe**, die er mit Gott schon im Voraus besprochen hat.

Diese Lebensaufgabe sagt dir Gott immer wieder in dein Herz hinein. Hörst du auf ihn? Diese Lebensaufgabe ist nie so schwer, dass du sie nicht schaffen kannst! Du weißt, wie im Engel - Thema beschrieben, dass dich die Engel begleiten, schützen und dir helfen. Du kannst **Gott immer fragen, was tun!!!**

Deine Lebensaufgabe führt dich zum Licht.... also, wenn du sie angehst.... **bist du auf dem richtigen Weg, dem Selberweg zu Gott!!!!**

Prüfungen

Prüfungen sind die von Gott gestellten Fragen.... . Fragen an dich!!

Er möchte dich darauf aufmerksam machen, schau mal da genau hin; er führt dich an Aufgaben heran, an die du dich „vielleicht" nicht getraut hättest!!

Oder er macht dich darauf aufmerksam, schau mal, hast du da gut in Gottes Sinne gehandelt?!

Prüfungen sind auch, dass du zuhörst, was Gott dir sagen möchte!! Hörst du zu?! Hast du Zeit für Gott?!

Gott möchte auch mit dir reden!!

Wenn du Gott zulässt, spricht er aus dir heraus! Das heißt, er führt dich!!!!

Prüfungen können auch so aussehen, ob du das, was Gott dir sagt, auch anwendest! Z.B. wenn er dir sagt, du sollst dich bei dieser Person entschuldigen, dass du es auch bei der nächsten Gelegenheit, die **kommen wird,** tust!!

Jeder Mensch hat „Schwächen", die gilt es aber anzugehen mit Hilfe von Ihm und den Engeln!!

Gott kennt dich ganz genau, er hilft dir doch, z.B. deine Angst, Sorge, usw. zu überwinden! Prüfungen sind nie so, dass du durchfallen kannst, wie in der Schule!!

Gott fängt dich immer auf, auch wenn du Fehler gemacht hast!!! So ist Gottes Liebe, eben **endlos groß!!**

Viele Menschen verzeihen sich selber nicht! **Aber das ist nicht in Gottes Sinne!!!**

Er vergibt dir!! Immer!!!!

Was „vielleicht" ein Mensch nicht kann!

Darum gehe nicht du mit dir ins Gericht. Gott kennt dich und er hört dir zu, was du zu sagen hast!

Er hat dir schon längst vergeben!

Das soll aber für manche jetzt kein Freibrief sein, nach dem Motto, ich kann tun und lassen, was ich will!!

Du sollst auf dein Herz hören, auf Gott!!

Es soll nur so zu verstehen sein, dass keiner leiden soll auf dieser Erde! Gib das Leiden ab. **Jesus hat das Leiden der Welt getragen und ertragen!!!**

Gib es Gott, lass das **Leiden los!! Halte nicht fest an dem Schlechten!!** Schicke es, wie in der Fuchsgeschichte beschrieben, himmelwärts, damit es gehen kann! **Lass los!!!**

Gott möchte kein Leiden!!! Bei Gott sind Wunder möglich, lass doch das Wunder an dir geschehen! Gott kann alles!!!

Er kann dich heilen, wenn du es möchtest und es zulässt!!! **Loslassen, Zulassen, Belassen. Diese drei Worte sind auf dem Lichtweg entscheidend und dies zu erkennen, dabei hilft dir Gott!**

Prüfungen sind Gottgewollt und die gilt es zu bestehen, mit Hilfe von Ihm und den Engeln! Denn wer sich auf dem Lichtweg befindet, vertraut auf die göttliche Führung!! Und lässt sich führen und ist somit auf dem richtigen Weg! Der Weg der Liebe und des Lichtes!!!

Amen ich sage euch:

Wer im Licht wandelt, braucht sich nicht zu fürchten, noch Angst zu haben, denn ich der **Herr bin bei dir alle Tage!!!**

Gebet von mir:

Lieber Gott, ein tiefes Gefühl durchflutet mich und ich danke dir für die **Führung, Kraft und Liebe!**

Ich liebe Dich!!!!

Wunder sind möglich ☺

Wunder das ist doch ein Wort, bei dem jeder Mensch ein warmes Gefühl, ein Lächeln, auf die Lippen bekommt!!

Hat nicht jeder schon ein Wunder erlebt!!?

Es gibt **viele Wunder**, wenn man sie **sehen möchte**!!!

Gott hält täglich kleine und große Wunder für dich bereit, damit es dir **gut** geht!

Sehen, ja sehen mit dem Herzen, Sehen und Verstehen, deine Augen sehen sie dann auch!!!!

Und du bist so froh und dankbar sie zu sehen und zu erfahren!! Ein Wunder ist dann ein Wunder, wenn du mit ganzem Herzen sehen möchtest!!!

Wunder können z.B. sein:

- wenn du einen Menschen triffst, der dir Gutes tut.
- die Sonne scheint.
- du Heilung an deinem Körper erfährst, weil du es zulässt.
- dir ein Mensch bei deiner Aufgabe hilft!
- du Liebe erfährst.... .
- weil du dein Herz spürst.
- weil du Glück verspürst.
- weil ein Kind dir sein Lächeln, seine Liebe schenkt!

So gibt es kleine und große Wunder!!

Die du annehmen kannst, weil Gott sie dir zu deiner Freude schenkt!! ☺

Nimm sie an!

Er möchte, dass es dir gut geht an Leib und Seele!!!

Bei Gott sind jeden Tag ein oder mehrere Wunder möglich, du musst nur die Augen öffnen, um sie zu sehen!!

Amen ich sage euch:

Du bist ein Wunder, das Wunder an Gottes Hand geführt zu werden und mit ganzem Herzen sehen zu können.

Wer Wunder zulässt, hat das Himmelreich schon gesehen und gefühlt!!!

Dann hast du meine große Liebe gesehen und gespürt!!!
<u>Wunder sind immer möglich!!!! Wenn du sie zulässt!!!!</u>

<u>Worte von mir:</u>

Gott, auch jetzt erkenne ich wieder wie unfassbar deine Liebe ist!!!!!

Wie unsagbar tief, hoch, weit und unendlich deine Liebe ist!!! Dir sei Lob und Dank!!!

Amen so sei es!!!!

Liebeslied für und an Gott

Singe laut Fady Maalouf „Blessed".

Singe es mit deinem ganzen Herzen in die Welt hinein.

Spüre wie dein Herz sich öffnet und jeder Satz, den du singst, in dir klingt und jeder Ton dich tief berührt.

Spürst du die Stärke in dir?

Dieses Lied hat so viel Aussagekraft!!!

Du kannst es für deinen Herzmenschen singen und für Gott!!!!!

Singe dieses Lied mit Echtheit und Wahrhaftigkeit!!!!

Wenn du nicht der englischen Sprache mächtig bist, lass dir den Text übersetzen und du wirst spüren welch Power darin steckt!!!!!

Singe dieses Lied immer und immer wieder und spüre dein Herz dabei. Spürst du die Tiefe in deinem Herzen?!

Gott freut sich mit dir!!!!!

An einem Tag der dein Herz durch Musik und Worte, die dich tief berühren, öffnet!!!!

Jetzt, wo du dein Herz spürst .... jetzt, genau jetzt, weißt du, wo Gott sich befindet und du mit ihm reden kannst.

Er kannte dich schon lange bevor du kamst. Er kennt deine Worte, dein Gesicht, dein Herz.

Sei ehrlich und wahrhaftig. Du bist gesegnet, denn du gehst auf deinem Selberweg zu Gott!!!!!

Du bist sein Kind. Er ruft deinen Namen, bevor du ihn kennst.

Gott dein Gott .... Gott deines Herzens!!!!

Es gibt verschiedene Zugänge zu Gott. Jeder Mensch soll sich dorthin begeben, wo er sich wohl fühlt und Ruhe hat!!!

Nur in der Stille und Ruhe ist ein Zugang möglich. Zu deiner Mitte, zu deiner Selbst zu finden.

Wie in den weiteren Kapiteln beschrieben, gibt es viele Möglichkeiten (Meer, Strand, Berge, Natur, usw.).

Sorge dafür, dass du allein bist und Ruhe hast. Das ist ganz wichtig!!!!!

Wenn du dann einen Platz für dich bereitet hast, in der Natur, am Meer, dann höre auf dein Herz. Gott möchte mit dir reden und du kannst deine Fragen stellen. Er hört dir zu und beantwortet deine Fragen.

Sei nicht enttäuscht, wenn du nicht auf all deine Fragen eine Antwort bekommst. Manchmal braucht es noch Zeit, um Dinge wachsen zu lassen!!!

Lass dich ganz auf Gott ein. Er führt dich sicher und gut!!!

Du bist gesegnet!!!!

Du bist sein Kind!!!!!

Gott möchte für dich einen guten, sicheren und passenden Weg auf der Erde, so wie im Himmel dann!!!!

Glaub mir, du bist gesegnet!!!!.

Er freut sich, wenn du dich freust!!!!!!

Du bist gesegnet!!!

Wahrhaftig du bist gesegnet!!!!!

So sagt es das Lied und auch Gott sagt: wahrhaftig, du bist gesegnet. Gehe deinen Weg mit IHM und du wirst nicht im Dunkeln wandeln!!!!

Er ist immer bei dir. Du bist nie allein. Gott geht mit dir!!!!

Du bist gesegnet!!!!

Darum freue dich, sei dankbar, denn heute hast du wieder **Gottes große Liebe für die Menschen** gespürt!!!!!

Für Dich

Dankgebet von mir

Lieber Gott, heute ist mein Herz ganz erfüllt von Licht und Liebe. Ich bin so froh das Lied „Blessed" verinnerlicht zu haben, dass ich es heute ganz laut in die Welt gesungen habe und dabei dich, Gott, gespürt habe. Deine unendliche Liebe und Güte!!!!

Danke, dass ich dich spüren kann. Danke, dass es dich gibt!!!!!

Amen ich sage euch, wer die Liebe im Herzen spürt, der hat Gott gespürt!!!!

Die Liebe ist das höchste aller Gefühle und die Liebe wird immer stärker sein, als das Dunkle!!!

Darum wandle nicht im Dunkeln. <u>Schaue auf das Licht und die Liebe, die von Gott ausgeht!!!!!</u>

Schaue in dein <u>Herz.</u>

„Man sieht nur mit dem Herzen gut. Das Wesentliche ist für die Augen unsichtbar."

Aus dem kleinen Prinzen von Antoine de Saint-Exupéry

Zugänge zu Gott / Gedanken / Leitsätze

- Im Gehen wird die Seele frei!
- Lied / Gruppe Ich & Ich. Singe das Lied – Du bist vom selben Stern – laut, Gott freut sich mit dir – (bei diesem Lied gibt es auch die Möglichkeit anstatt wir sind alle aus Sternenstaub, wir sind alle aus Gottes Hand!!!) zu singen.
- Das Vertrauen auf Gott ist sehr wichtig, gib dich ganz hin und er führt dich auf den für dich idealen und passenden Weg.
- Sehe das Licht auf deinem „Selberweg" zu Gott!
- Sehe die herrliche Natur, Tiere um dich herum, die allesamt dein Herz erfüllen. Darin liegt Gottes Herrlichkeit und unendliche Liebe!
- Sage, Gott ist hier und ich folge Ihm mit meinem ganzem Herzen.
- Liebt einander, so habt ihr Gottes Liebe begriffen und in eurem Herzen verinnerlicht.
- Wünscht keinem Menschen etwas Böses!!! Bleibt positiv und wendet euch zum Licht!!!
- Die Sonne scheint für euch, sie soll euch wärmen und erfreuen, euch zeigen wie strahlend Gott sein kann.
- Gebt einander die Hand und spürt eure Zuneigung zueinander.
- Lebe heute und verschiebe Gott nicht auf Morgen, er ist **JETZT** da und will mit dir reden.
- Weißt du wieviel Liebe Gott für die Menschen hat? Er sendet dafür seinen einzigen Sohn, um das es Frieden wird auf Erden.
- Wünsche Menschen die negativ sind innerlich – Friede sei mit euch – sage es von Herz zu Herz!
- Gott wohnt überall.
- Fühlen tust du im Herzen drinnen, denn Gott spricht immer in dein Herz, hier spürst du Ihn.
- Fürchtet euch nicht, wenn die Stimme zu euch spricht, habt Vertrauen und schenkt Gott euer Herz und ihr bekommt dafür den richtigen und guten Weg gezeigt.

- Singt „Halleluja" ...... du großer, lebendiger Gott, denn du bist im Himmel und auf Erden, wir danken und preisen dich für all das, was du uns geschenkt hast!
- Gott ist überall und auch da, wo du dich gerade befindest. Gott ist Hier, Jetzt und Immerdar!!!!
- Wenn du Dich einmal ganz leer und verbraucht fühlst, geh an einen Ort, an dem du dich wohl fühlst, der in deiner Umgebung ist und höre auf deine innere Stimme, was sie zu dir spricht und handle danach. Gott hat immer einen guten Plan, der für dich passend und immer der gute sein wird. Gott läßt dich niemals leiden, das Leid hat sein einziger Sohn Jesus für alle Menschen getragen!
- Singt mit Gott und seid fröhlich und dankbar was Gott für euch bereit hält.
- Singt euer Lieblingslied laut und Gott singt und freut sich mit!!!
- Denn er ist glücklich wenn die Menschen sich freuen!!
- Gott hat sehr viel Humor und Geduld!!!
- Liebt einander und ihr habt das was Gott ausmacht, sein Wesen, in der Ganzheit gespürt!! Gott ist die Liebe!!!
- Sage Gott Danke und erkenne seine große Gnade und Güte!!!
- Wenn du mit dem Herzen sprichst, spricht Gott aus dir heraus.
- Wenn du Gott dein Herz gibst und dich für den Weg mit Gott entscheidest, dann leuchten und strahlen deine Augen wie ein wunderbarer mit allen Farben geschmückter Regenbogen. Denn Gott schaut durch dich hindurch, er durchflutet dich und du wirst Liebe ausstrahlen.
- Gott kennt dein Herz, er weiß was für dich gut ist ...... auch wenn du nicht gleich deine Wünsche erfüllt bekommst; oder vielleicht auch nicht; du bekommst das, was für dich gut ist auf dem passenden und guten Weg. Wenn du dich ganz führen lässt, wirst du merken, dass das was er dir sagt im Nachhinein immer das genau Richtige und Gute für dich war!!!
- Gott kann Wunder tun, wenn du es mit ganzem Herzen zulässt.
- Wende dein Gesicht dem Licht zu, damit die Schatten hinter dich fallen.
- Sage mehrere Male am Tag, Gott ist hier und ich folge ihm mit meinem ganzem Herzen!

Möglichkeiten um das Dunkle zu vertreiben:

1. Sage: Der Friede sei mit Dir, von Herzen sagen ist wichtig. Spreche es leise, für die Person nicht hörbar, gehe innerlich einen Schritt zur Seite. Also aus der negativen Energie des Menschen, der vor einem steht, heraustreten.
2. Gott ist hier und ich folge Ihm. Dies laut sagen bis der innere Druck verschwindet. Sage Cho Ku Rei dreimal von Herzen, bis der Kanal wieder mit Liebe und Licht gefüllt ist.
3. Der Weg zu Gott hat Blumen und Steine, Anfechtungen (Steine) von Seiten der Dunklen werden immer wieder kommen. Auch Tests, Prüfungen können von Gott sein, ob du dich noch auf dem Lichtweg befindest und Ihm folgst. Außerdem, umso mehr man Licht wird, umso besser kann man mit den Dunklen umgehen. Denn beide Anteile sind im Menschen drin. Doch jeder hat die Chance sich jeden Tag neu zu entscheiden, so dass das Dunkle keine Macht hat.
4. Ich bin der Herr Dein Gott ..... folge mir und Du wirst in Frieden leben können.
   Denn meine Engel werden Dich beschützen und bei Dir sein, wo immer Du Dich befindest und was Du tust. Du kannst mit Ihnen reden, genau so wie ich mit Dir rede. Die Engel lieben Dich, Du brauchst sie nur zu fragen und sie geben Antwort.
   Ich bin es, Gott dein Vater, komm zu mir in vollem Vertrauen. Ich lasse Dich niemals fallen, Du bist mein Kind und ich umarme Dich und schenke Dir meine Liebe!!
5. Liebe wächst je mehr du davon gibst!!!!
6. Die wertvollste Zeit ist die Zeit mit Gott. Z.B. am See zu stehen oder am Morgen aufzuwachen, allein in Gedanken an meinen Gott, Gott Vater, Gott Sohn, Gott Heiliger Geist zu sein. Es ist herrlich wenn man zulässt und mit dem Herzen begreift, was für ein Gefühl des inneren Friedens. Im Fluss sein mit der göttlichen Liebe!!!

Wie erkenne ich einen „dunklen", auf der anderen Seite stehenden, Menschen?

Nehmen wir an, du befindest dich auf dem Lichtweg und du folgst Gott ganz und gar, im vollsten Vertrauen, und gibst ihm die Führung ab. Gott der die Liebe ist und dich sehr, sehr liebt. So befindest du dich auf einem Weg, einem Selberweg, zu Gott. Doch auf diesem Weg gibt es, wie schon im Eingang des Buches beschrieben, auch Blumen und Steine. Das heißt: Blumen sind Geschenke Gottes, die du sehen darfst, weil du es sehen willst. Das sind kleine Wunder an denen du dich jeden Tag erfreuen kannst und darfst. Gott möchte, dass es dir gut geht, sehr gut!!!

Doch es gibt auch Steine auf diesem Weg!!!

Und diese Steine gilt es zu überwinden bzw. anzugehen!!

Es können mal kleine Steine sein, die leicht zu überwinden sind. Manchmal aber auch größere Steine, die man mit Hilfe seiner Engel gut angehen kann und es auch schafft diese Situationen usw. zu meistern.

Wie sehen die Steine aus?

Die Steine können z.B. Menschen sein, die nicht den Weg mit Gott gehen möchten, sondern lieber einen bequemen, den „dunklen" Weg bevorzugen und Gott nicht hören möchten.

Wie kann ich einen solchen Menschen erkennen?

Gott spricht dir in dein Herz immer und immer wieder und sagt dir genau was für dich gut ist oder nicht!!!

Es kann dann sein, dass du dich von diesem Menschen trennen sollst, weil er nicht mit dir gehen will, im Sinne von, nicht mit Gott gehen möchte.

Das heißt, du sollst loslassen, so dass du auf deinem Selberweg weiter gehen kannst. Natürlich ist manchmal so ein Entschluß mit Schmerzen verbunden, doch bedenke, möchtest du, dass dich ein Mensch weiter begleitet, der nicht mitgehen will??

Du hast den freien Willen!!!!

Gott zeigt dir Möglichkeiten auf die du ändern sollst ...... so dass du gehen kannst, es liegt an dir!!!!

"Dunkle Menschen" erkennst du auch in dem du genau in ihre Augen schaust, was sagen sie dir?

Höre auf die Worte des Menschen, der vor dir steht, und schaue ihm dabei tief in die Augen.

Was sagt er dir?

Achte auf die Gesten des Menschen der vor dir steht.

Was sagen sie dir?

Dies sind alles Merkmale die dich erkennen lassen, ob der Mensch, der gerade vor dir steht, es gut meint oder nicht!

Gott ist praktisch deine Hilfe dabei! Zu sehen, zu hören, zu fühlen, was gut für dich ist. Dann wirst du in solchen Situationen, Begegnungen mit Menschen, richtig handeln, denn du vertraust auf die göttliche Führung – auf Gott. Die innere Stimme sagt dir genau, was der für dich passend und gute Weg ist!!!!

Wenn du dich z.B. von einem Menschen trennen musst, weil er lieber einen anderen Weg bevorzugt, dann verzage nicht, Gott hat sich schon längst einen anderen Plan ausgedacht. Er wird dir Wege aufzeigen die neue Möglichkeiten und Erfahrungen mit sich bringen und du wirst erkennen (meist im Nachhinein) ja, das war gut so!!!!

Wenn du einen Schmerz verspürst, was normal ist wenn man loslässt, dann gib den Schmerz an Gott ab.

Er ist für uns am Kreuz gestorben und nimmt deinen Schmerz auf sich.

Auch die Engel helfen dir, wenn du sie darum bittest.

Sie sind sehr fleißig und möchten dir sehr gerne helfen!!!

Du mußt den Schmerz nicht lange bei dir tragen, Gott nimmt ihn dir weg, so dass du gehen kannst.

Dies war z.B. ein Stein, auf den dich Gott aufmerksam gemacht hat, so dass du gehen kannst. Und so gibt es bei jedem Menschen kleinere und größere Steine, die es zu überwinden bzw. anzugehen gilt. Gott hilft dir dabei, wenn du auf ihn hörst.

Gott spricht in dein Herz!!!!

Es gibt auch andere Steine, die von der dunklen Seite eingeworfen werden. Immer dann, wenn du nicht auf Gott hörst, kommen sie ganz geschickt und versuchen deinen Weg umzulenken, zu ihnen.

Ein Beispiel: Hast du dich von einem Menschen trennen sollen, oder der Mensch trennt sich von dir, du verspürst einen großen Schmerz. Damit du den Schmerz los wirst, trinkst du Alkohol.

Dieser Alkohol tröstet dich und du erkennst nicht die Gefahr!!!?

Die Gefahr, dass du abhängig werden kannst, je mehr du ihn zu dir nimmst.

Dass du nicht auf Gott hören willst, der dir den Schmerz wegnimmt, wenn du ihn darum bittest. Er hilft dir ganz bestimmt!!!!

Alkohol ist keine Lösung!!!!

Das ist ein Werk der Dunklen.

Wenn du so versuchst deine Probleme zu beheben, indem du ihn täglich zu dir nimmst, und das nicht in Maßen, wie z.B. beim Genießen zu einem Essen, sondern als Ersatz für Liebe usw..

Gott unterscheidet immer in Maßen und Massen.

So kann z.B. ein Mensch ein Glas Wein am Abend trinken, dies gut vertragen, wenn er weiß was sein Maß ist, bzw. hört was Gott zu ihm spricht!!!!

Dies ist immer die Voraussetzung!!!!

Alkohol ist ein Genußmittel und kein Trinken wie Wasser, das man täglich zu sich nimmt!!!

Dies ist die Regel!!!

Über Alkohol z.B. bekommen die Dunklen Zugänge zu dir und sprechen, bzw. sagen dir meist Dinge in den Kopf hinein, die dich in die Irre führen und dich ins Verderben rennen lassen.

Gott lässt dich nie ins Verderben rennen, er ist Gott: Gott der Liebe.

Also bedenke was du tust, bzw. worauf du hörst??

Nur Gott, Gott allein spricht in dein Herz. In dein Herz spricht nur Gott!!!!!

Die Dunklen haben hierfür keinen Zugang!!!

Das ist auch eine Regel!!!

Denn das ist wichtig für dich und deinen Weg!!!!

Außerdem kannst du immer noch die Engel bitten, dass sie dir helfen, denn dann müssen die Dunklen weichen, denn die Liebe ist das Größte aller Gefühle.

Nur Gott allein ist der Herrscher von Himmel und Erde!!!!

Bedenke, du kannst immer wählen, denn Gott hat dir den freien Willen gegeben!!!

Du kannst immer zu ihm kommen, auch wenn du meinst Fehler gemacht zu haben!!!

Gott möchte dich beschützen; vor den Dunklen, dass ist das was Gott möchte. Er lässt dich nicht allein in einer Situation die aussichtslos erscheint, er zeigt dir Möglichkeiten auf, die er in seinem Plan schon längst bedacht hat!

Alkohol ist nur ein Beispiel, alle Dinge die den Menschen zur Abhängigkeit führen sind von den Dunklen gelenkt und geführt!!!!

Willst du dich abhängig fühlen!??!

Abhängig von Alkohol, Sex, Drogen usw..

Diese Steine kommen nicht von Gott.

Gott hat keine Steine ....

Die Steine macht der Mensch sich selbst, weil er nicht richtig hört!!!!

Das heißt, Steine sind Anfechtungen von den Dunklen und die wird es immer wieder geben.

Denn die Dunklen versuchen, immer dann, wenn sich in deinem Leben etwas ändert, sich einzumischen, dir ihren Weg als Wahrheit zu verkaufen!!!

Es liegt an dir, wenn du einer Versuchung nicht widerstehen kannst!!!

Zu Gott kann man immer kommen, auch wenn man Fehler begangen hat!!!!!!!

Es geht nur darum: hörst du auf ihn, musst du nicht leiden, Nöte erfahren, denn er ist ein guter Gott!!!

Kein Gott des Leidens!!!

Wie es irrtümlich gemeint wird, je mehr Leiden, um so näher kommt man zu Gott.

Das ist ein großer Irrglaube!!!

Gott möchte, dass es dir an Leib und Seele gut geht.

Gott lässt dich erkennen, was gut für dich ist!!!

Er sagt es dir in dein Herz, wie im Kapitel „Herzzentrum" beschrieben.

Also weißt du jetzt, wie du einen Dunklen, auf der anderen Seite stehenden Mensch, erkennst???

Hörst du auf Gott, und er führt dich auf deinem Selberweg zu Gott!!!

Im Loslassen, Belassen, Zulassen liegt deine Entscheidung!!!

Die Entscheidung für das Gute oder nicht!

Denk daran, du bist stark, dein Herz ist voller Liebe!!!!

So kannst du frohen Mutes deinen Weg gehen!!!

Amen, ich sage euch: wer mir folgt wird ewig leben!!!!

Gefühle sind die Berge der Sehnsucht!

Sehnsucht trägt ein jeder Mensch in sich .... Die Sehnsucht nach Friede, Liebe, Geborgenheit, ... Die Sehnsucht nach der wahren Liebe, der echten Liebe, hat jeder Mensch vom Beginn, der Geburt, in sich, und ab diesem Tage begleitet ihn diese Sehnsucht nach Liebe!!!

Du bist von Anfang an auf einem Weg, einem Weg der Liebe!!!

Die Sehnsucht ist ein Gefühl, ein sehr hohes Gefühl. Die Sehnsucht nach Gott unserem Vater im Himmel, auf Erden, in unseren Herzen, ist damit gemeint. Ohne Sehnsucht ist das Leben trübe und hoffnungslos!!!

Das Gefühl, das in dir ist, ist ein sehr starkes Gefühl!!!! Wenn du dich auf dem Lichtweg befindest, wirst du spüren, dass du Gott immer mehr spürst und deine Sehnsucht erfüllt wird, weil Gott bei dir ist, in dir, in deinem Herzen.

Die Sehnsucht ist die Suche nach Gottes Licht und Liebe. Öffnest du dein Herz und lässt Gottes Licht und Liebe hinein, so verspürst du eine tiefe Verbundenheit, Wärme und Freude in deinem Herzen!!!!

Du brauchst dann nicht mehr suchen, denn du hast **IHN** gefunden. Gott dein Vater, der in dein Herz spricht und du so mit ihm reden kannst. Jeder Mensch geht mit dem Gefühl der Sehnsucht verschieden um .... !!!! Manche Menschen verwechseln es mit der Sucht nach Alkohol, Drogen, Sex, etc.. Sie haben verlernt auf ihr Herz zu hören, haben es zugemauert!!!! Und gehen somit einen sehr schweren Weg, einen dunklen Weg!!!! Der manchmal auch zum Tode führt, weil der Mensch nicht hören will!!! Doch all diese Süchte können dem Menschen nicht weiterhelfen, weil es nur für eine kurze Zeit hilft, und die Wahrheit, bzw. die Realität, kommt nach dem Rausch!!!!

Die Wahrheit holt den Menschen immer ein!!!!

Wenn du Gott verdrängst, haben die Dunkeln freie Hand!!! All deine Gefühle in deinem Herzen sind wie ein großer Berg. Diese Gefühle zusammen bilden die Sehnsucht nach **Gott** !!!!

Lässt du Gott zu, so haben die Dunklen keine Macht mehr.

Weil alles auf das du hören brauchst, ist dein Herz!!!

34

Gott zeigt dir den richtigen Weg!!! Frage ihn und du bekommst die richtige Antwort!! Verdränge deine Gefühle nicht!!! In der heutigen Gesellschaft wird oft verlangt, sich so und so zu verhalten; ja es ist wichtig, Regeln, Normen und Werte einzuhalten, aber verdränge trotzdem deine Gefühle nicht!!

Lass sie zu!!!! Lass Gottes Liebe für dich zu!!!!

Die Liebe braucht jeder Mensch, ohne sie ist kein Bestehen!!!!

Wenn es dir mal zum Weinen ist, dann weine, lass los. **Denn im Loslassen, Belassen und Zulassen liegt Gott!!!**

Um Neues zu beginnen, muss der Mensch erst loslassen, um Neues zu empfangen. Und das Loslassen tut auch weh, darum weine deine ungeweinten Tränen.

Gott nimmt dir den Schmerz weg, wenn du ihn darum bittest!!!!

Lass deine Gefühle los!!!! Bitte Gott um Hilfe, dass er dir den Schmerz nimmt!!!

Gott kann alles!!!!!
Und er möchte, dass es dir an Leib und Seele gut geht!!!!!

Kinder haben ein offenes Herz und haben somit den Zugang zu Gott noch direkt. Oftmals ist es aber so, dass mit der Zeit, durch Umwelt, Medien, Familie Gott verdrängt wird und sozusagen **kein Thema mehr ist**!!!! Um so schwerer ist es dann sein Herz wieder dorthin zu bekommen, wo der Ursprung war!!!!

Werdet wie die Kinder, so wird euch der Himmel nahe sein.

Also verspürst du eine Sehnsucht in dir, bist du auf der Suche... ?! Dann weißt du jetzt, dass die Sehnsucht ein gutes Gefühl ist. Die Sehnsucht ist das Gefühl auf der Suche nach Gott zu sein. Auf dem Wege mit Gott, auf deinem Selberweg hinzu zu Gott!!!! Auf deiner Suche wirst du Gott sehen, wenn du ihn gefunden hast.

Seh(e)n – Sucht!!!

E rst <u>Suchen</u>, dann <u>Sehen</u>!!! Gott von Angesicht zu Angesicht.
<u>Amen ich sage euch:</u>

<u>Wer nach mir sucht, wird mich finden!!!!</u>
Denn ich bin in dir, verbunden bis in die Ewigkeit!!!!!

Im Fluss des Lebens

Stell dir vor, du stehst an einem Fluss der rauscht und über Steine und Geröll plätschert ....

Der Fluss des Lebens!!!!

Sehe wie klar das Wasser ist und sich alles in ihm spiegelt, jeder Fisch, jedes Tier das in ihm lebt wird sichtbar, weil du genau hinschauen tust. Du merkst wie es um dich ruhig wird und du nur dem Fluss zuschaust! Der Fluss nimmt seinen Lauf wie dein Leben, er macht manchmal eine Kurve, mal geht es gerade aus, mal über Steine, mal sanft über Gräser, mal voller Stärke tief ins Tal hinunter. Mal ist er sehr ruhig, mal lauter ....

Sehe dir den Fluss genau an ....

Was fühlst du dabei?

Im Fluss sein heißt auch, im Fluss der göttlichen Liebe sein. Das heißt, wenn du auf Gott hörst, hast du in dir einen Energiefluss der dich am Leben erhält und dir zeigt was du tun kannst, wenn du darauf hörst. Also stell dir vor, in dir ist ein Fluss von lebendigem Wasser, das durch deine Adern fließt, dir Kraft und Ruhe schenkt und dich am Leben erhält. Gott ist manchmal wie eine Strömung, wie lebendiges Wasser, und manchmal spricht er sanft wie Wasser, das ruhig seinen Weg entlang fließt. Im Fluss sein heißt, dass du deine Lebensenergie erkannt hast, weißt wo sie herkommt und dich mit dieser Lebensenergie verbindest. So wirst du eins, eins mit Gott, und Gott in dir!!

Ist es nicht wunderbar Gottes große Liebe in sich zu tragen, wie ein lebendiger Fluss, der Fluss deines Lebens.

Alle Blockaden in dir können, wenn du Gott darum bittest, gelöst werden, so dass du wieder im Fluss bist. Natürlich helfen seine Engel auch gerne dabei, dass deine Lebensenergie wieder fließen kann. Gott ist die Liebe und er möchte, dass es dir an Leib und Seele gut geht. Im Fluss sein heißt auch, dass die Liebe in dir wohnt und du die Liebe von Innen nach Außen leben kannst, weil du den Selberweg mit Gott und seinen Engeln gehen möchtest. **Spürst du Blockaden oder Schmerzen in dir, versuche dir einen Fluss vorzustellen der alles überwinden kann, denn in ihm liegt Kraft und Ruhe. Gehe in dich und schicke Kraft und Liebe an die Stellen, an denen Blockaden sind. Der Fluss in dir überwindet jede Blockade, er strömt sie fort, er reißt sie mit. Oder atme dorthin, wo Blockaden im Körper sind. Blockaden entstehen, weil du vielleicht nicht immer im Sinne von Gott handelst bzw. gehandelt hast und sich somit Stauungen aufgetan haben. Gott hilft dir aber jeder Zeit gerne diese zu entfernen, wenn du nur möchtest. Denk**

daran, hast du Schmerzen in dir, schau in dich, wo kommen sie her und denk an den Fluss der sich in dir befindet. Du kannst die Lebensenergie durch deinen Körper schicken, so dass du wieder ganz und gar im Fluss des Lebens bist. Das heißt auch, jeder Mensch kann sich auf seine Selbstheilungskräfte verlassen, wenn er sich auf Gottes Liebe ganz einlässt und ihm sein Vertrauen schenkt.

Gott ist in dir und du bist in Gott, verbunden im Fluss des Lebens

Stell dir also vor, in dir ist ein Energiefluss, der mit göttlicher Liebe durchtränkt ist und du dich ganz und gar auf Gott verlassen kannst, weil er dich unendlich liebt und er für dich den guten, passenden Weg hat und dich begleitet wie Mutter und Vater an der Hand!

Bist du bereit mit ihm zu gehen??!!!

Bedanke dich, dass du heute einen Tag am Fluss verbringen konntest und in dir die Erkenntnis, einen Fluss voller Leben, einen Lebensfluss zu haben. Du bist nicht allein, weil Gott in dir ist!!!!

Er begleitet dich.

Gott sagt, wer im Fluss ist, geht mit mir und ich mit ihm.

Bist du im Fluss?!!!

Lass Gott zu und du wirst sehen wie sich dein Weg bereitet und wie eins ins andere fließt, wie in einem Fluss!!!

Dein Fluss des Lebens!!!!!

<u>Dankgebet:</u>

Ich bin durch und durch erfüllt von göttlicher Energie. Alle mich einengenden und begrenzenden Gedanken verschwinden zurück in das Nichts; aus dem sie gekommen sind, so dass ich frei und gesund an Geist, Körper, Seele und meiner Lebenskraft sein kann!!!

So wie im Himmel, so auf Erden

Jeder Mensch hat seinen bestimmten Platz auf Erden und seine Aufgaben, die es zu bestehen gibt. Mit Hilfe der Engel ist deine Lebensaufgabe gut zu meistern. Deine Lebensaufgabe hast du dir schon im Himmel bei Gott ausgesucht und mit Gott vereinbart, dein Leben so anzunehmen wie es ist und daraus zu lernen.

Gott gibt dir nur Aufgaben, die zu bewältigen, zu schaffen sind, wenn du auf dein Herz hörst, ihn um die Führung bittest, dass er, und nur er, in dein Herzzentrum spricht, und dir hilft deinen Lebensweg zu gehen.

Gott lässt dich niemals ins Verderben rennen. Das passiert nur, wenn du auf die „Dunklen" hörst und ihnen die Macht über dich erteilst ....

Dann gehst du einen anderen Weg, nicht den Lichtweg zu Gott. Die „Dunklen" haben Verlockungen, die nicht unerheblich sind, wie z.B. Alkohol, Drogen, usw.. Sie verleihen dem Menschen kurzweilig eine Besserung, die Folgen danach sind fatal.

Gott lässt dich niemals ins Verderben rennen wenn du auf dein Herz hörst und ihn um die göttliche Führung bittest und sein Tun an dir zulässt.

Gott hat dir den freien Willen gelassen, wie du dich auch entscheiden magst, Gott wird niemals NEIN zu dir sagen. Mit Gott zu reden ist jeden Tag neu, ein Gebet, ein Gespräch, ein in sein Herz hören.

Gott ist da!!!

Er wartet auf dich und begegnet dir mit unendlicher großer Liebe, Güte und Gnade.

Gott ist kein strafender Gott. Bei ihm erlangst du immer eine Befreiung im Herzen, wenn du es wirklich willst und zulässt. Gott ist dein Vater, so wie im Himmel so auf Erden. Von ihm kommst du und gehst du, in den Himmel der Liebe und des Lichtes.

Gott möchte, dass es dir auf Erden gut geht. Er möchte dir die Schönheiten, die er geschaffen hat, zeigen, so dass du dich daran erfreuen kannst. Es soll dir auf Erden weder Last noch Leiden sein. Das Leiden kommt nicht von ihm.

Er möchte, dass es jedem Menschen wohl ergeht, und er mit Dankbarkeit und Frohsinn seine Welt entdeckt und versteht.

Der Himmel ist immer da, wo zwei oder drei in meinem Namen versammelt sind, da bin ich mitten unter ihnen. Darum hat Gott dir Menschen zur Seite gestellt, damit du dich an ihnen freust, ihr voneinander lernt und euch austauscht in meinem Sinne.

Ich bin immer bei dir und zeige dir den guten Weg und du kannst immer frei wählen. Gott will keine Manipulationen so wie die „Dunklen". Du sollst, kannst aus freiem Willen zu ihm kommen und er fängt dich mit seiner großen Liebe auf!!!!

Gott ist nicht unendlich weit weg, er ist bei dir, in dir, in deinem Herzen, verbunden bis in die Ewigkeit!!!!

Du bist ein Teil von Gott, und Gott ist ein Teil von dir, in dir!!!!

So hast du den Himmel auf Erden, wenn du erkannt hast, wo Gott wohnt, dass nur Gott allein in dein Herz spricht und dich lenkt und führt, wenn du es nur möchtest.

Der Himmel ist mitten unter uns und da wo Himmel ist bin ich bei dir.

Also sind wir verbunden wie im Himmel so auf Erden .... .

Der Himmel geht über allen auf, auf alle über, über allen auf, der Himmel geht über allen auf, auf alle über, über allen auf.

Verbunden mit dem Band der Liebe!!!!!

Darum sei ein Licht für andere Menschen, so dass sie sehen wie Gott ist.

<u>Amen, ich sage euch:</u> erkennst du den Himmel in dir, so hast du mich gesehen!!!!!

Denn ich bin der ich bin, Gott der <u>Liebe.</u>

Weite.........

Setze dich auf einen großen Hügel und schaue in die Weite!!
Was siehst du?

Nehmen wir an, du befindest dich an einem Ort, an dem du dich wohl fühlst!!!

Was fühlst du?

Spürst du den leichten Wind, der durch deine Haare weht und sanft die Gräser bewegt und somit die Natur in Bewegung hält!!?!

Fühlst du die Ruhe in dir?!!! Die Ruhe und Stille, die dir Sicherheit und Zufriedenheit schenkt!!!

Spürst du deinen Atem, wie er immer ruhiger wird und du gleichmäßig ruhig atmest? Lass nun all deine Sorgen des Alltags hinter dir und genieße die Natur, die Weite, die du siehst, wenn du ins Land schaust!!!

Atme jetzt tief ein und aus!!! Und fülle dein Herz mit Weite!!!!

Die Weite, die du jetzt siehst, kann sich jetzt in deinem Herzen breit machen, in dem du tief ein- und ausatmest. Konzentriere dich auf deinen Atem und du wirst spüren, wie dein Herz neuen Atem tankt und sich mit neuem Leben füllt!!

Lass es zu ....

Gott möchte, dass dein Herz wieder gefüllt wird mit neuem Atem, mit neuer Energie!!!

Energie, die dir Lebenskraft schenkt!!!! Gott schuf die Natur, so dass sich der Mensch daran erfreut, sich wohl fühlt und in der Natur zu neuen Kräften und zur Ruhe kommt.

Die Natur ist ausgeglichen; und somit kann die Natur auch dich ausgleichen, Ruhe und Frieden deinem Herzen schenken. Wenn du dann spürst, dass dein Herz frei ist, sich frei anfühlt, und du voller Kraft bist, dann vergiss nicht zu danken!! Gott schenkt dir heute einen Tag, einen wunderbaren Tag, der dein Herz aufatmen lässt und dich zu neuen Kräften führt.

<u>Amen ich sage euch:</u>

Wer die Weite gesehen hat, weiß wie unendlich weit mein Himmelreich ist. Unendlich!!!!!! Groß ..... denn ich gab es den Menschen, damit sie sich daran erfreuen!!!!

<u>Dankgebet von mir:</u>

Lieber Gott ich danke dir, dass ich zur Ruhe kommen durfte und neue Energie für mein Herz getankt habe, so dass ich auf meinem Selberweg, zu dir, lieber Gott, gut weitergehen kann!!! Ich danke dir himmlischer Vater, für all deine Güte und Gnade, die du an mir walten lässt und mir täglich aufs Neue zeigst!!!!!

Ich danke dir .... und zeige meine Liebe dir, in dem ich dir mein ganzes Herz schenke und ich im vollsten Vertrauen zu dir komme und auf deine <u>Worte höre</u>!!!

<u>Danke</u>

Gottes große wunderbare Natur!

Wenn du einfach mal Ruhe brauchst und Abstand von allem, dann gehe in die Natur hinaus und schaue dir mal all die Dinge an, die am Wegrand blühen, und heute nur für dich da sind, beobachte und schaue genau mit dem Herzen. Schaue tief in die Farbenpracht der Natur hinein, die vor Farbe nur so sprühen und funkeln .... Tauche tief in die Farben hinein und atme die Luft tief ein und wieder aus. Dann merkst du wie ruhig und still es um dich wird, und deine Seele tankt Frieden und Ruhe.

Lass dann die Sorgen, die dich noch vor kurzem bedrückten, los und sinke in die Farbenwelt hinein. Nehme jedes Grün, Rot, Blau in dir auf, also sammle Farben, Farben für deine Seele! Wie die Welt ist, die Welt besteht aus Farben. Farben sollen dir dazu dienen, die Welt in Farben zu sehen, so schön und herrlich sollst du fühlen, in Farben der Fröhlichkeit und der Freiheit.

Fühle nicht in Schwarz und Weiß, sondern in Bunt oder einfach so ...... wie es deine Lieblingsfarbe ist.

Stell dir vor du tauchst in die Farbe ein und wieder aus; und bei jeden ein- und ausatmen nimmst du göttliche Energie in dir auf, somit wirst du bei jedem ein- und ausatmen mit neuer positiver Energie getränkt und du wirst wieder froh.

Nimm diese Farbenwelt der herrlichen Natur in dir auf, schenk den Farben einen Platz in deiner Seele und die Farben werden dich von nun an begleiten und dich daran erinnern, wie Gott die Natur herrlich mit Farben bestückt hat, zur Freude des Menschen und das sich das Auge daran erfreut!

Gehe nun wieder zurück und nimm all die Farben mit. Du wirst sehen wie frei du wieder bist und den Tag wieder neu beginnen kannst.

Sprich ein Dankgebet von Herz zu Herz. Gott kennt deine Worte und freut sich auf deine Sätze ..... sage am Ende deines Gebetes,

„Amen, so sei es!"

Ein Gedicht zum Lichtweg!

Gehst du auf dem Lichtweg, wirst du sehen, dass sich alles gut aneinander reiht dein Leben, dein Glück.

Denn wer Licht im Herzen trägt, trägt die innere Wärme nach außen und andere Menschen werden froh durch deine Strahlen, durch deine Wärme. Du trägst dazu bei, dass es auf Erden heller wird, auch auf Wegen an denen es dunkler sein kann.

Also kannst du Menschen erfreuen bei denen es gerade etwas „dunkler" ausschaut. Dies ist in Gottes Sinne, tragt in die Welt nun ein Licht, sagt allen, fürchtet euch nicht, Gott hat dich lieb, groß und klein, schaut auf des Lichtes Schein!

So heißt es in diesem Lied. Sei Licht für einen anderen Menschen und du wirst froh sein, denn die Freude kehrt ins eigene Herz zurück!

Licht und Liebe sei mit euch.

Gastfreundschaft

Kommst du zu einem Menschen auf Besuch ist das eine Freude für beide Seiten.

Man ist froh sich wieder zu sehen und man hat sich viel zu sagen.

Über so manches wird gelacht, es wird gesungen und man erzählt sich so einiges.

Auch dies ist im Sinne des Menschen Seins, seine Tore, Horizonte zu öffnen für Neues, für neue Möglichkeiten den Selberweg zu gehen.

Wo zwei oder drei in meinem Namen versammelt sind, da bin ich mitten unter ihnen.

Also lässt du das Licht zu, so wird sich dein Selberweg ändern, neue Möglichkeiten tun sich für dich auf und du kannst dies mit anderen Menschen teilen.

Welch eine Freude!!!

Also denk daran, Gastfreundschaft ist wichtig und ermöglicht eventuell neue Möglichkeiten zu gehen!

Wie ein Mensch ein Segen für einen anderen sein kann.

Ein Segen sein für einen anderen Menschen bedeutet, ihm Gutes tun in Wort und Tat.

Also ist es wichtig für einander dazusein in guten wie in schwierigen Zeiten!!!

Das bindet den Zusammenhalt untereinander und das Band der Liebe wird dadurch gestärkt und vergrößert.

Ein Segen sein heißt auch: Herzenswärme und ein Gefühl des Verständnisses und des Angenommenseins füreinander zu haben!!!

Segen bedeutet den inneren Frieden nach außen in die Mit-Umwelt zu tragen und zu leben.

Gesegnet sind die, die mir folgen, auf die Stimme Gottes hören und ihr Herz sprechen lassen.

Darum sei ein Segen für einen anderen Menschen und du handelst in meinem Sinne.

Denn das, was du von Herzen gibst, kehrt ins eigene Herz zurück!!!!

<u>Amen, ich sage euch:</u> Wer mir folgt wird in Frieden leben können!

Das Gedicht vom Schlaf

Es gibt verschiedene Arten des Schlafes. Sprechen wir vom seligen Schlaf. Das ist ein Schlaf in dem deine Seele ruht und neue Kraft schöpft. Die Kraft die du benötigst um all deine Aufgaben zu meistern. Der selige Schlaf ist auch ein Schlaf in dem Gott dir in dein Herz spricht und du Botschaften empfangen kannst.

Es entspannt deine Seele und deinen Körper.

Engel: wunderbare Wesen

Sonnenengel: Gott hält Wärme und Licht für Dich bereit.
Sternengel: Sternstunden sind besondere Stunden, die das Herz nie vergisst.

Herzengel: Gott spricht in dein Herz, von Herz zu Herz.

Blumenengel: Erfreue dich der Natur und deren Lebewesen.

Menschengel: Sei Froh und Heiter, da Mitmenschen dich lieben, gebe Ihnen auch deine Liebe zurück.

So gibt es verschiedene Engel die einen begleiten, wenn man den Licht – Selberweg mit Gott gehen will!!!

Gott stellt dir gerne seine Engel zur Seite, damit du es leichter hast den Weg zu Gott zu gehen.

Engel können verschiedene Funktionen haben, z.B. ein Engel der dich in Krankheit begleitet und dich vor weiteren beschützt, oder ein Engel der dich begleitet bei langen Autofahrten. Wie man Engel spürt?

Engel haben die Kunst in Situationen die schwierig erscheinen, dir den richtigen „Schubs" zu geben für den richtigen Weg zu Gott. Das heißt sie helfen dir sehr gerne auf deinem „ Selberweg" zu Gott, unserem Vater, Gott der die Liebe ist und Immer und Ewig da ist!!!!

Mit Engel kann, sollte jeder reden, sie mögen es wenn du dich mit ihnen befasst und ihnen auch mitteilst was sie für dich tun können. Denn es ist wie mit einem Menschen, sie mögen auch Ansprache, sonst wird es ihnen auch etwas langweilig… . ☺

Also haben Engel Funktionen die sie nur für Dich auf deinem Weg haben.

Denn jeder Mensch braucht einen anderen Engel und deshalb schickt Gott, wenn du ihn darum bittest, auch sogenannte „Sonderengel". Sie haben bestimmte Funktionen. Ein Schutzengel hat jeder!!!

„Sonderengel" muss man sich erarbeiten. ☺ Um so mehr du dich mit der göttlichen Energie (Gott) befassen wirst und dein Herz sich immer mehr öffnet, so öffnen sich im wahrsten Sinne des Wortes die Pforten und die sog. „Sonderengel" können in Aktion treten und für dich da sein. Engel senden Botschaften auf deinen „Selberweg" die von Gott kommen. Sie sind oftmals sehr lustige Gesellen; lachen gerne und mögen einfach, wenn es dir rundherum gut geht!!!

Dann jubilieren sie und tanzen vor Freude, und diese Freude bekommst du dann auch zu spüren, in dem du dich albern und ausgelassen fühlst und benimmst. ☺ Das freut auch Gott, denn Gott ist kein strafender Gott, sondern ein Gott der Freude und des Glücks. Gott schickt dich niemals ins Verderben oder lässt zu, dass du leidest. Dies ist immer ein Weg der Dunklen. Sie haben

Spaß daran, dir ins Ohr zu sagen ...... so jetzt ..... wo ist dein Gott, er hilft dir ja gar nicht?

So kommen die Menschen ins Zweifeln und denken Gott gibt es ja gar nicht!!!!

Doch das Negative lässt du immer selber zu ...... das heißt, die negativen Gedanken, Worte, Taten, wenn du es zulässt, dass das Dunkle mit dir reden darf.

Du hast jeden Tag die Chance dich NEU für das Gute zu entscheiden!!!

Gott will, dass es dir GUT geht und du nicht leidest .... dein Leid ist immer ein Werk der Dunklen. Du selbst kannst es umkehren, wenn du Gott dein Herz, deine Liebe schenkst. Also liegt es an Dir ...... steh auf und verschiebe es nicht auf Morgen, Gott ist jetzt hier und immerdar. Egal wo du dich befindest und wo du gerade bist; öffne dein Herz und du bist frei!!!!

Deine Seele atmet auf und du spürst die positive Energie die durch deinen ganzen Körper fließt, dich wärmt und dich einfach glücklich macht. Es ist ein Gefühl der unendlichen Freiheit, endlich den Ballast des Lebens loszulassen und es ganz Gott geben; er hat schon längst einen guten Plan für dich. Denn jeder Mensch ist von Beginn an gut, weil er von Gott kommt. Es ist nur des Menschen freier Willen ob er sich wieder zu Gott auf den Weg macht oder ob er sog. „Ehrenrunden" drehen möchte; und dann der Weg zu Gott noch länger und mühseliger wird. Denn jeder Mensch hat von Gott eine Lebensaufgabe bekommen die er erfüllen sollte um sich näher zu Gott hinzu bewegen.

Diese Lebensaufgabe bekommt man immer wieder ins Herz, bzw. vor die Augen gehalten, es liegt an dir ob du sie angehen willst?!

Natürlich mit Gott und seinen Engel!!!!

So kannst du deine Lebensaufgabe gut meistern, denn Gott gibt dir dazu das nötige Potential dies durchzuführen. Hand in Hand mit Ihm zu gehen, da bist du nie allein!!!

Denn er ist bei dir und seine Engel die dich auffangen und die dich begleiten.

Gott sendet dir seine Engel damit sie dich begleiten, beschützen und bewahren. Bei einer Weggabelung können sie dir, wenn du sie darum bittest, helfen und dir Tipps geben wie es gut sein wird.

So wie du gerne einem Menschen die Hand reichst zur Begrüßung oder zum Spazieren gehen, so möchte Gott auch dein ständiger Begleiter sein!

Du solltest mit ihm im Herzen reden und gut zuhören was er dir sagen möchte. Es liegt an dir, jetzt gerade jetzt, wenn du dies liest, damit zu beginnen.

Gott ist dir für deine Liebe unendlich dankbar und voller Freude!!!!!

Der Dank, dass du mit Ihm, Gott, gehen willst, ist für dich die Befreiung im Herzen. Du bist frei und voller Glück und Freude!!

Das sind Worte die mir Gott heute gesagt hat, und ich soll diese Worte für alle Menschen aufschreiben, die den Weg zu dir finden bzw. mit dir gehen möchten!!!!

Gott ist hier, bei dir!!!!

Sage nun ein Dankgebet mit deinen Worten, denn Gott kennt deine Worte und diese Worte sind dein und ihm sehr wichtig!!!!

Es soll ein Dankgebet von Herz zu Herz sein, also von dir zu Gott!!!!!

Gebet von mir:

Dank sei Gott, dass du für mich da bist, mir den Weg des Lichtes, mein „Selberweg" zeigst und ich deine unendliche Liebe, Güte und Gnade erkennen darf!!!!

Amen, so sei es!!!

Gedanken an Gott

Du sitzt an einem wunderschönen Ort!
  Fühlst dich wohl und geborgen!
Alles liegt hinter dir ....
Du lässt dich treiben von den Wellen des Sees und hörst deren Aufschlag an den Felsen. Er beruhigt dich .... .
Dir wird bewusst, wie herrlich Gottes Schöpfung ist!!
Weil ein Wunder zu sehen, zu hören, zu spüren ist bis in dein Herz hinein. Es erfüllt mich mit tiefer Dankbarkeit, heute einen Tag am See zu erleben. Du kannst die Sonne und die Ruhe tief spüren und du atmest tief ein und aus!
Bei jedem Einatmen nimmst du neue Energie in dir auf! Ruhe und Licht machen sich in deinem Herzen breit. Ein wohliges Gefühl spürst du in deinem Körper!
Als würdest du nur noch Sein, dich treiben lassen.
Deine Gedanken sind frei, kein Gedanke an Sorgen ist da!
Nur du und Gott!!
Ist das herrlich.... .
Dir wird klar, so ist Gott. Einfach wunderbar, einfach unfassbar mit tiefer Liebe und Licht!!
Dein Herz ist so berührt, dass du laut weinen könntest vor Glück!!
Heute ist dein Glückstag, weil du heute gespürt hast, wie Gott ist!!
Wenn du dann in dein Herz spürst ..... sprich ein Dankgebet für dich und ihn.

Lieber Gott, es ist unfassbar welch ein Glück du mir bereit hältst!! Ich danke dir für all dein Tun!!
Ich liebe dich!! ☺

Tage am Meer

Du sitzt am Meer und wirst ganz still, hörst den Wellen zu wie sie rauschen und fühlst den Wind wie er sanft durch dein Haar streift und du ganz still und ruhig wirst und nur mal sein; du und das Meer ....

Lass deine Gedanken los und gib sie dem Meer, dem Meer des Lebens, der Hoffnung, der Liebe, des Sturmes und der Wärme.

Fühle mal nach innen und werde mit Gott eins in deinem Herzen; Gott ist hier und er möchte mit dir reden ....

Höre ihm zu und lass auf deinem persönlichen „Selberweg" Gott zu ..... .

Er der Gott, dein Vater im Himmel und auf Erden, er der immer das ist und war!!!!

Wenn du ihn im Herzen spürst werde noch stiller und merke dann wie er manchmal mit sanfter, manchmal mit einem „etwas" strengem Ton mit dir redet.

Es kommt in dem Gespräch darauf an ...... was dringend ist für dich od. auch, wie er dir helfen kann, dich beruhigen kann.

Sehe wie das Meer nur für dich in diesem Moment da ist, nur für dich, zu deiner Freude, Beruhigung, Entspannung. Nimm es dankbar an, denn Gott schenkt dir heute einen Tag am Meer .... .

Wenn du dann aufstehst und am Meer entlang gehst, kannst du noch mehr fühlen und begreifen wie schön doch Gottes Natur ist, die jetzt in diesem Moment nur für dich da ist.

Im Gehen wird die Seele frei!!!!

Schalte deine Umgebung von Geräuschen aus und höre nur mal dir und Gott zu ....

Du wirst merken wie frei und froh du bist, du warst nie allein und bist nie allein. Gott ist immer bei dir, er nimmt dich an die Hand und begleitet dich an deinem Tag, dem wunderschönen Tag am Meer!!!

Meeresrauschen, Wellen, Wind, Sonne, Regen, alles sind Elemente die zur Freude dienen und dich im Herzen berühren sollen, so dass du neue Energie tankst, die göttliche Energie der Liebe!!!

Sei frohen Mutes, denn Gott ist bei Dir!!!

Sprich ein Gebet von Herz zu Herz und geh mit Gott, denn von nun an bist du nie allein, du spürst Gott, höre auf deine innere Stimme.

Sonnenmomente, Sonnenstrahlen für dein Herz!!

Setze dich mal ganz alleine auf eine Bank, mit Blick auf einen See oder einem herrlichen Feld, mit der Blickrichtung zur Sonne. Fühl mal die Wärme die von der Sonne ausgeht, schließe die Augen und genieße wie die Sonne dich wärmt und dich verwöhnt; Sonnenstrahlen für dein Herz!!!

Spüre wie die Wärme und das Licht in dein Herz hineingeht, dich beruhigt und dich sanft streichelt ....

So wie die Sonne ist auch Gott, warm und sanft. Er behütet und beschützt dich und möchte, dass es dir an Leib und Seele gut geht!!!

Herzenswärme soll dir die Sonne geben ..... .

So dass dein Herz voller Wärme und Licht wird.

Du verbindest dich mit der Sonne und all deine Gedanken verbinden sich mit Gott, der das Licht, die Liebe ist!!!

Sage, Gott ist hier und ich freue mich an der Sonnenseite des Lebens zu stehen, weil er bei mir ist und mich begleitet. Höre auf seine Stimme und werde ruhig ..... .

Wenn du dann Sonnenenergie getankt hast, vergiß nicht zu danken, denn er hat dir heute ein Sonnentag gegeben und dir die Sonnenmomente das Lebens aufgezeigt.

Sage ein Dankgebet mit deinen Worten und schließe den Satz mit Amen, so sei es!!!

Zwischensatz

Amen, ich sage euch:

Ich habe mir schon längst einen guten Plan für dich ausgedacht.

Folge mir mit deinem Herzen ....

Und du wirst sehen wie sich alles so wunderbar aneinander reiht, dein Leben, deine Zeit.

Gott kennt dein Herz ....

Wie kein anderer Mensch, also lass zu, öffne dein Herz und lass zu, öffne dein Herz und es vollendet mein Werk sich in dir!!!!!

Leben heißt einatmen und ausatmen, hole tief Luft, atme tief in dich hinein und hinaus .... .Gottes Atmen wird dich begleiten. Denn die Luft, die du tief holst geht in dein Herz hinein und atmet gleichzeitig ein.

So wird dein Herz praktisch belüftet mit neuem Leben und Geist!!!

Der Name Gottes

Gottes Name ist die Liebe, die Liebe zu den Menschen, zur Natur, zu Tieren, zur ganzen Welt ....

Er besitzt den Namen den du ihm gibst, von Herz zu Herz, auf den Namen hört er, denn er ist ein ganz persönlicher Gott, der Gott im Inneren. In deinem Herzen wohnt er, wenn du Platz machst für seine göttliche Energie. Er wartet darauf, dass du dein Herz öffnest und er sozusagen im Triumph und voller Freude „einmarschiert"!!!!!!

Gottes Platz bereitest du in dir! Was für ein Stellenwert hat Gott bei dir?

Ist er Nebensache oder Hauptsache jeden Tag. Gott muss für dich jeden Tag „neu" dein Gott sein im Inneren, nicht nur dann wenn du ihn gerade benötigst. Er möchte jeden Tag Ansprache und „Mitspracherecht" bei deinem Tun. Also widme ihm Zeit und das nicht nur wenn du Hilfe benötigst; es soll ein Gespräch sein, dass im Inneren abläuft und das kannst du ja beantworten. Gott sollte zur Hauptsache werden. Dann läuft dein Alltag wie am unsichtbaren Faden. Wie an einem roten Faden durch das Leben. Du solltest ihn immer wieder in dein Geschehen miteinbeziehen, er gibt dir Tipps, was du tun kannst oder besser lassen solltest.

Gott ist ein Gott des Lebens, schenk ihm dein Herz und du wirst Frieden finden!!!!

Amen, so sei es!!!!!

Warum schwere Krankheit / Leiden oder „Eindunkeln"?!

1. Weil man die Lebensaufgabe die einem Gott auferlegt nicht angehen will.
2. Weil der Mensch denkt durch das Leiden kommt er näher zu Gott.
3. Weil der Mensch sich für nichts entscheiden kann.
4. Weil er Gott nicht hören will.

Erläuterung:
Zu Punkt 1

Wie schon beschrieben, hat jeder Mensch eine Lebensaufgabe von Gott, bevor er auf die Welt kommt, gesagt bekommen. Diese gilt es zu bewältigen mit Gottes Hilfe, wenn du ihn darum bittest.

Zu Punkt 2

Das Leiden ist nicht der richtige Weg, denn Gott hält immer einen guten Weg für dich bereit. Das Leiden ist ein Werk der Dunklen.

Zu Punkt 3

Es gibt im Leben Entscheidungen und Gott will, dass du dich ganz und gar für ihn entscheidest. Nur so kann er dir helfen, wenn du ihm dein ganzes Herz schenkst.

Zu Punkt 4

Gott spricht in regelmäßigen Abständen in dein Herz und bittet fast inständig darum ihn zu hören, du hast die Wahl was machst du daraus. Gott hat ein großes Herz, deshalb versucht er es immer wieder bei dir!!!!

Gibst du ihm eine Chance????

Ich habe dich bei deinem Namen gerufen – du bist mein!

Bevor du auf die Erde kommst, also geboren wirst, bekommst du einen Namen von Gott.

Gott gibt dir einen besonderen Namen. Für ihn bist du einmalig und einzigartig!!!

Diesen Namen kennt dein Herz auch wenn dein Vater und Mutter dich anders nennen. Dein Herz kennt deinen Namen, den Namen den Gott dir gegeben hat und dich somit zu Gotteskind macht!!!

Gott spricht deinen Namen in dein Herz und somit bist du angesprochen von der Stimme Gottes!!!

Gott spricht dich an .... sprich du mit ihm!!

Gott möchte mit dir reden, wie ein Vater, eine Mutter zu seinem Kind, ganz im Vertrauen und in unendlicher Liebe und Fürsorge!!!!!

Hörst du auf ihn??

Seine Worte sind klar gesprochen und voller Liebe ♥.

Er liebt dich, du bist sein Kind und er möchte, dass es dir an Leib und Seele gut geht!!

Wie es ein Vater und eine Mutter tun sollten, bzw. ihre Pflicht ist es zu tun ...., dich in Liebe und Fürsorge aufwachsen zu lassen. Doch hören manche Eltern nicht auf Gottes Stimme und machen ihr eigenes Ding und meinen sie wüssten es besser als Gott, der immer war und ist!!!!

Kannst du jetzt verstehen warum es soviel Leid auf Erden gibt??!!

Die Menschen möchten ihr eigenes Ding machen, für was braucht man Gott??

Doch ich sage euch, ich bin euer Vater im Himmel und auf Erden. Ich bin es, der die Welt erschaffen hat, zur Freude aller die auf der Erde leben!!!

Ich kenne euch und euren Weg, wenn ihr mit mir geht, Hand in Hand, und Herz zu Herz .... . Dein Weg ist vorbestimmt, wenn du mir dein Herz im vollsten Vertrauen schenkst. Ich bereite dir zum Dank einen Weg der Liebe, des Glücks, und der Zufriedenheit ..... vor!!!!

Ist das nicht ein wunderbares Angebot von Gott ?!?

Du kannst dich voll und ganz auf Gott verlassen, er lässt dich niemals fallen, so lang du den Lichtweg, den Selberweg zu Gott gehst!!!!

Also nicht das Dunkle in dich hinein lässt bzw. zulässt, dass es mit dir spricht!!!!

Wie schon in der Einleitung des Buches erwähnt, werden die Dunklen es immer wieder versuchen, doch du bist was du bist ..... du lässt zu....oder fragst Gott was richtig oder falsch ist.

Gott spricht immer mitten ins Herz, die Dunklen sprechen dahin wo es ihnen gerade passt, also wo ein Zugang besteht!!!!

Die Dunklen sprechen nie ins Herz. Das Herz ist Zentrum der göttlichen Energie und nur für Gott reserviert!!!

Bedenke immer, wo die Gedanken herkommen, du fühlst doch dein Herz; oder?

Dort sind die Gefühle für Menschen, Tiere usw. und dort wohnt Gott mitten in deinem Herzen!!!!

Also wenn du Gefühle hast, dann weißt du doch wo sie herkommen oder?

Die Gefühle der Liebe ist Gott!!!!

Also ist dein Zugang zu Gott nicht schwer, weil er die Liebe ist!!!!

Hast du schon mal Liebe empfunden?

Jeder Mensch!!!!!

Denk nach, du bist nicht aus Stein, Eisen, Metall, sondern aus Herz!!!

Ein Herz voller Liebe, wenn du den Zugang zu Gott geschaffen hast!!!!

Und das geht so schnell .... so wie du Gefühle für Menschen zulässt, so schnell kannst du Gott zulassen!

Bedenke du warst, bist verliebt; ist das nicht ein herrliches wunderschönes Gefühl .... so bin ich, wenn du zulässt, dass ich dich beim Namen rufe .... Du bist mein!!!!!!!!

Ich bin bei dir alle Tage bis zum Ende deines Erdenlebens und im Himmel bei meinen Engel .... immer und ewig sind wir verbunden mit dem Band der Liebe. So verbindet sich die ganze Welt miteinander und die Liebe siegt am Ende!!!!

Denn die Liebe ist das Größte und Mächtigste aller Gefühle und nie wird es anders sein; für immer und ewig dein!!!

Denk nach und halte inne.

Was ist für dich wichtig??!

Ich hoffe die Liebe!!!

Ich dein Gott, würde mich so unendlich mit dir freuen, wenn du wieder in Liebe zu mir zurückkehrst!!!!

Zum Vater der Liebe!!!!

Fühle, höre in dich, in der Stille, in der Ruhe. Suche einen Ort auf, an dem du dich wohl fühlst und zu Ruhe kommen kannst!!!!

Fühle, du hast ein Herz!!!!

Ohne Herz kein Leben!!!!

Ich habe es dir gegeben, dass du dich auch am Leben erfreust; und wo kommt die Freude her, vom Herzen!!!!

Fühle und spüre .... ich bin es Gott dein Vater in deinem Herzen!!!

Ich habe dich bei deinem Namen gerufen .... du bist mein!!!!!

Sprich ein Dankgebet!!!

Gott ist dein Vater, der Dank verdient hat!!!!!

So wie man sich auch bei einem Vater, Mutter usw. bedankt, wenn man etwas bekommt, was einem gut tut!!!

Dein Dankgebet soll so sein, wie du bist; mit deinen Worten!!!

<u>Amen, ich sage euch:</u> Wer mir folgt, wird ewig leben!!!!

<u>Sonnenstrahlen sind die Fernwärme Gottes!</u>

An einem Herbsttag gehst du hinaus und fragst dich was soll ich heute tun?

Geh in den Wald und schaue dir die verschiedenen Blätter der Bäume an, sie sind nur für dich da, um dir die Farbenpracht der Natur aufzuzeigen.

Atme tief die frische Luft im Wald ein und aus und du spürst du wie bei jedem Schritt, den du gehst, ruhig und zufrieden wirst!!!

Die Sonne scheint mit ihren wohlwollenden Strahlen auf dich und du genießt diesen Herbsttag mit Wärme, einer Abendsonne im Sommer. Wenn du dann in die Sonne schaust, siehst du das Licht, das Licht durchdringt dich und du spürst in dir Wärme und Licht ....

Genieße diesen Augenblick in voller Ruhe und in dich Hineinschauens, nur so kannst du das Licht in dir aufnehmen!!!!

Die Strahlen das Lichtes sind heute nur für dich gemacht ...... denn Sonnenstrahlen sind die Fernwärme Gottes .... .

Tanke dich ganz auf mit dieser Sonne und sei Dankbar; Dankbar für den, der sie erschaffen hat, dass du dich daran erwärmen kannst und wieder neue Energie tankst für deinen „Selberweg" zu Gott!

Sage ein Dankgebet zum Abschluß deines Herbsttages, der Tag an dem dir klar wird, dass Sonnenstrahlen die Fernwärme Gottes sind ....

Dankgebet von mir

Gott; Du großer lebendiger und ewiger Gott, ich danke dir, dass ich heute wieder Frieden in mir habe, zur Ruhe kommen konnte und du mir die Augen geöffnet hast für die schönen Momente das Lebens.

Danke, danke, danke!!!

Du himmlischer Vater der Liebe!!!!!

Die Kraft der Berge

Du sitzt an einem kleinen Hügel, den Blick gerichtet auf einen kleinen Berg!!!

Einen Berg, der mit vielen Gräsern und grünen, saftigen Sträuchern bewachsen ist.

Ein gewaltiger und schöner Wasserfall rauscht ins Tal hinab.

Du hörst dem Rauschen des Flusses zu!!!

Spürst du wie ruhig du wirst und du **eins** wirst mit der Natur?!

Die Natur, die dich zur Ruhe bringt, zu deiner inneren Mitte führen kann, zu dir, zu Gott, in dein Herzzentrum. Fühle in dein Herz hinein .... und werde ruhig!!! Wenn du dann dein Herz spürst, höre darauf, Gott will mit dir reden!!!!

Er spricht nur zu dir, jetzt, gerade jetzt, wenn du deine innere Mitte fühlst!!! Jeder Mensch kann, wenn er nur möchte, sein Herzzentrum fühlen und dann auch hören was sein Herz sagt!!! Gott ist immer bereit dich zu hören und dir Antwort zu geben. Er liebt dich und möchte, dass es dir an Leib und Seele gut geht!!!! Du bist sein Kind und er will dich führen auf deinem Selberweg, so wie ein Weg hinauf zur Bergspitze führt, so will er dich auch führen!!!!!! Bist du bereit Gott dein Leben anzuvertrauen? Wenn ja, dann höre auf ihn, schenke ihm dein Vertrauen!!!!! Im Vertrauen auf ihn, dass er dir einen guten für dich passenden Weg zeigt!!!!

Er meint es gut mit dir!!!!

Manchmal verläuft auch ein Weg anders, wie du es dir vorstellst .... .

Doch wenn du auf Gott hörst, ist es für dich immer gut und führt dich nicht auf falsche Wege, die „dunkel" sein können. Jeder Mensch hat einen **Selberweg**, wie schon oft beschrieben. Also sieht dein Weg anders aus, wie z.B. der deines Freundes!!! Sei ihm nicht neidig oder missgünstig, auch wenn du denkst er hat es besser!!! Es ist oft nicht so wie es scheint!!!

Halte du dich auf deinem Weg, dem Weg zu Gott, dem Weg in die Mitte, in dein Herz!!!!!

So wie das Wasser Klarheit und Weisheit mit sich führt, so kannst du an so einem Tag wie heute klare Gedanken bekommen und zu deiner inneren Mitte kommen. Genieße diesen Tag, den dir Gott geschenkt hat!!!!

Einen Tag die Kraft der Berge zu sehen!!!

Ein Staunen kommt über dich, wie wunderbar Gott die Welt erschaffen hat und wie viel Kraft und Energie in der Natur steckt. Diese Kraft und Energie hat auch Gott .... und er will dich heute mit göttlicher Kraft und Energie beschenken!!!

Amen ich sage euch:

Wer die Natur schützt, sie achtet und wertschätzt, der trägt dazu bei einen Teil des Ganzen zu sein .... einen Teil Gottes zu sein!!!!

Sprich nun ein Dankgebet zu deinem Vater.

Dankgebet von mir

Gott du hast mir heute wieder gezeigt wie wunderbar groß, voller Kraft und Licht du bist!!!

Ich danke dir einen Teil von dir zu sein. Ich danke, dass ich dich spüren und hören kann. Danke für diese herrliche Natur!!!!

Das Herzzentrum

Das Herzzentrum ist der Mittelpunkt der göttlichen Macht und Größe!!! Hier entsteht die Liebe und geht als Liebe in die Welt!!!!

Das Herz schlägt und atmet ein und aus ....

Spürst du dein Herz?

Wie es jede Stunde, Minute, Sekunde dich am Leben erhält und dir Kraft, Mut, Entschlossenheit usw. schenkt. Hörst du auf dein Herz?

Hat es einen Platz oder ist es nur ein Organ, wie jedes andere?

Das sollte es auf keinen Fall sein, denn dieses Organ ist das Lebensorgan, das dich am Leben hält und dir alles mit auf den Weg geben kann, wenn du nur möchtest. Also ist es nicht nur ein Organ das schlägt und atmet, sondern ein Herz im Herzen. Also das soll heißen, wenn du möchtest schlägt Gott für dich den Takt in deinem Herzen. Er bestimmt wann es an der Zeit ist zu gehen bzw. zu kommen. Nur ER allein!!!!

Wenn du mit ihm gehen willst!!

Willst du mit ihm gehen??

Wenn ja, wird fortan er dir all die Dinge sagen die für dich gut sind und dich auf den, für dich guten und passenden „Selberweg" führen. Hast du Vertrauen auf die göttliche Führung?

Wenn ja, wird er in allen Situationen seine Engel zur Seite stellen, um auch in deiner Sicht schwierige Situationen, zu meistern, bzw. mit „Bravour" zu bestehen.

Mit ihm gibt es keine aussichtslose Situationen, sondern nur Situationen die dir etwas aufzeigen möchten, ob du dich auf dem richtigen Weg befindest oder nicht. Oder Situationen, wo du lernen solltest / kannst, wenn du die Führung abgibst!!!

Mit ihm an der Seite kannst du alles, was du sollst und auch musst. Gib doch Gott dein Zentrum, dein Herz, und du hast was jeder Mensch braucht. Liebe, Liebe, Liebe!

Ohne Liebe kann kein Mensch bestehen und existieren. Die Liebe ist alles auf das sich etwas aufbaut und dich am Leben hält!!!

Durch die Liebe wächst das Vertrauen und um so mehr du vertrauen kannst, kann Gott mehr in dir, durch dich wirken, praktisch hindurch leuchten und scheinen wie eine Sonne, die ihre goldenen Strahlen auf dich wirft und dich strahlen lässt.

Hast du also Gotteslicht in dir, so strahlst du wie eine Sonne!!!!

Und nichts, aber auch gar nichts, kann deinen Weg aufhalten. Denn Gott ist das Licht, das dir auf den Weg scheint und dir Tag und Nacht erhellt. Sei froh und dankbar, denn du bist nie allein .... Denn dein Gott, der immer da ist und in deinem Herzen wohnt, ist bei dir alle Tage bis ans Ende deines Erdenlebens, bis zu wieder zurückkommst zum Vater der Liebe!!

Du kannst schon mal „wütend" oder „traurig" sein ....

Komm dann aber wieder zum Ursprung allem zurück ....

Habe keine Sorge, denn du bist sein Kind und Gott möchte, dass es dir an Leib und Seele gut geht!!!

Bedenke, es wird gut, sehr gut, wenn du mir folgst und mir voll und ganz vertraust. Ich nehme den Schmerz von dir ......, wie es in dem Lied heißt von der Gruppe „Ich und Ich"!!!! Du bist nicht zerbrochen, sondern ganz, weil ich die Ganzheit bin!!!!!

Ich nehme dir den Schmerz!!!!!

Denn nur ich kann das!!!!!

Du spürst es, wenn eine Situation, die du dir ganz anders erhofft hast, sich ändert .... Weil sich dein „Selberweg" geändert hat!!!

Dann spürst du einen Schmerz; aber dieser kann, wenn du es willst, nur kurz sein .... . Denn ich nehme den Schmerz von dir!!!

Ich kann alles .... Wenn du nur möchtest!!!!

Ich bin die Ganzheit in dir und wenn es für deinen „Selberweg" erforderlich ist, dass sich dein Kurs ändert, und du damit weiterkommst, dann lass es bitte zu, bitte!!!!

Denn es gibt Dinge und Situationen die sich ändern, weil sich vieles ändert, in der Welt ...... weil du dich änderst. Weil du den Lichtweg zu Gott gehen willst. Mit deinem ganzen Herzen, mit deinem vollem Herzen!!!!

Je mehr du zulässt, um so mehr wird sich ändern zum Positiven, zum Glück, zur Liebe!!!

Das heißt auch, Dinge die dir Gott versprochen hat ...... können sich ändern, weil die Menschen, die um dich herum sind, sich auch verändern und somit eine ganz andere Situation entsteht!!!

Verstehst du das ??

Jeder Mensch hat den freien Willen und wenn Gott es dir versprochen hat möchte er es auch halten!!!!!

Wenn er dir z.B. einen Mann versprochen hat, der momentan lieber den bequemen und dunklen Weg gehen will, so musst du dies als Zeichen sehen und dich fragen .... möchte ich mit einem Mann gehen, der sich für den dunklen Weg entschieden hat???

Wie gesagt, Gott möchte das Gute, Beste!!!!

Er hat sich schon längst was anderes ausgedacht und du brauchst weder leiden, noch verzagen.

Gott ist hier und ich folge ihm mit meinem ganzen Herzen.

Hier in meinem Herzen. Er hat sich schon längst wieder was ausgedacht, so dass es bei dir mit ihm auf deinem „Selberweg" weitergeht. Also vertraue auf die göttliche Führung und du bist für immer begleitet und beschützt.

Ich sage euch, ich bin – der – ich bin ...... Gott dein ewiger, für immer Gott!!!!!!

Erhebe dein Herz und schenke es mir im vollsten Vertrauen!!!

Gott ist hier!!!!!

Sage Gott ein Dankgebet, denn er hat dich heute und hier vor etwas bewahrt, das für dich und deinen „Selberweg" nicht gut wäre!!!

Also freue dich und singe ein Lied!!!!!

Gott freut sich mit dir!!!!

Amen, so sei es!!!!!

Ich bin der Weg, die Wahrheit und das Leben!!!!

Im etwas Loslassen, Zulassen und Belassen liegt etwas Entscheidendes: Gott!!!

Denn diese drei Dinge sind wichtig um auf dem Weg zu gehen!!

Loslassen

Loslassen ist schwer und doch einfach!!

Wenn du deine Engel und Gott bittest los zu lassen.

Loslassen kann z.B. sein, du sollst einen Menschen ziehen lassen, gehen lassen, weil er eine andere Richtung einschlägt als du und es nicht gut für dich ist mit ihm weiter zu gehen!

Loslassen kann aber auch sein, von den Glaubensmuster, die du dir zurecht gelegt hast – so müsse es sein, **los lassen**. Gott sagt dir in dein Herz was gut ist! **Loslassen** von Krankheit, Leiden, usw.. Gott nimmt es dir ab. Du brauchst nicht leiden. Gott ist Liebe!!!

Loslassen heißt aber auch, ein Kind, wenn es größer ist, ziehen zu lassen, damit es seinen Selberweg gehen kann. Junge Erwachsene brauchen die wohlwollende Hand der Eltern, die sagt: Kind geh, wir begleiten dich .... Ein junger Erwachsener soll wissen, er kann, wenn er möchte, zu den Eltern zurück gehen um Rat, Trost und so zu bekommen. Oder auch um in schwierigen Zeiten von den Eltern einen Halt zu erfahren! Eltern sein ist ein lebenslanger Job. ☺ Jede Phase des Kindes ist anders zu gestalten!!

Loslassen ist wichtig, um dein <u>Herz ganz frei zu bekommen.</u> Dies ist so zu verstehen: im Laufe des Lebens passieren leider Dinge, die nicht gut sind und dich ins Wanken bringen bzw. dein Herz verschließen können bzw. die Dunklen sagen, für was, du brauchst dein Herz nicht! **Lass das <u>Negative, die Schmerzen los.</u>** Schicke es himmelwärts, du brauchst es nicht!!!

Lass es los ....

<u>Verabschiede dich von all den dunklen Gedanken, lass los!!!</u>

Im Gebet zu Gott kann es z.B. so aussehen: bitte Gott und die Engel darum, dass du die Angst loslassen kannst!! Der nächste Schritt kann dann so sein: sage Gott und den Engeln, sie sollen die Angst wegnehmen und mit Vertrauen füllen, im höchsten und besten Sinne, so wie Gott Vertrauen sieht. Fülle dich ganz und gar von Gott!!!

Bedanke dich bei Gott, dass er dir Vertrauen geschenkt hat.

Und so kannst du es mit jedem schlechten Gefühl / Krankheit machen!!!

Du musst es von ganzem Herzen tun, nur so funktioniert es!!

Bist du bereit es herzugeben?!

Lass es zu, Gott möchte, dass es dir gut geht!!!!

Ich bitte dich lass los ....

Zulassen

Das ist ein **wichtiges Wort** und für den Licht – Weg entscheidend. Lass du Gottes Liebe und Licht in deinem **Herzen scheinen wie eine Sonne.** So bist du **erfüllt und geführt von Gott!!!**

Gott ist da, jetzt und hier, und immer dar in alle Ewigkeit!!!

Die Liebe und das Licht scheint durch dich wie eine Sonne durch deine Augen. Deine Augen strahlen. Die Menschen sagen dazu, er hat eine gute Ausstrahlung, Charisma oder einfach in seiner Nähe fühle ich mich wohl!!!

Ein Licht – Mensch hat immer strahlende Augen, keine trüben, verworrenen Augen!

Zulassen bedeutet auch, wenn ein Mensch dir **Gutes tun** möchte, lass es zu!!!

Die Liebe ist **vielfältig!** Nimm die Liebe an ..... . Jeder Mensch braucht **Liebe. Ohne Liebe ist kein Leben!!!**

Nimm Liebe an und gib sie weiter. So ist es in Gottes Sinne!

Denn die Liebe, die wir geben, kehrt ins eigene Herz zurück. Lass die Liebe zu!!

Liebe ist das höchste Gefühl und dieses **höchste Gefühl,** das ist **Gott!!!**

Belassen

Belassen ist z.B. eine Situation: du kommst mit einem Menschen in ein Gespräch und merkst, du kommst mit deinen Worten nicht weiter!! Dann belasse die Situation so, lass sie stehen. Frage bei Gott nach, ob der Mensch, der vor dir steht, dunkel ist oder einen dunklen Moment hat. Wenn ja, brauchst du gar nicht weiter diskutieren. Du wirst ihn heute oder vielleicht auch gar nicht mit deinen Worten erreichen, weil er sozusagen nicht auf deiner Wellenlänge ist. Wenn du von Herzen redest und er nur seinen Kopf benutzt ...... kann es keine Verständigung geben!!!

Belasse es und schicke den Ärger, wenn es einer war, in den Himmel hinauf – gib es ab. Gott nimmt ihn dir ab.

Belassen heißt auch sensibel sein für Situationen!!! Du musst nicht alles sagen, nur das, was du sagst, das muss wahr sein!!

Gott möchte das du auf Fragen antwortest, aber dich nicht rechtfertigst!!

Versucht dich ein Mensch mit Fragen in die Enge zu treiben, belasse es und versuche die Antworten kurz zu halten, dann verliert der andere das Interesse und es ist belassen!!

Belassen, sollst du auch Dinge, die du nicht mehr ändern kannst, z.B. deine Vergangenheit!! Lass die Vergangenheit los, schicke das Schlechte fort und lebe in der Gegenwart!! Belasse deine Vergangenheit .... Sie hindert dich weiter zu gehen!! Jetzt ist die Zeit, heute, um zu gehen!! <u>Weiter zu gehen!!</u>

Belasse Dinge, die dich hindern im Licht weiter zu gehen!!

Auch hier sollst du Gott bitten, dass er dir hilft, Dinge, Gegebenheiten, Vergangenheit, usw. ruhen zu lassen. Bzw. das Gott sie dir nimmt und du <u>neu wieder anfangen kannst.</u>

Das große Wunder der Liebe

Liebe Leser und Leserinnen, heute an Weihnachten ist es passiert, das große Wunder der Liebe. Die unbeschreibliche große Liebe, die von Gott ausgeht, seinen Sohn zu schicken, um uns Menschen zu helfen, ihren Weg zu gehen, denn nur durch meinen Sohn kommt ihr zu mir, zu eurem Vater der Liebe. Ja liebe Leser und Leserinnen, so ein Wunder hat sich heute selbst bei mir zugetragen. Gott schickte mir meinen Herzmenschen, meinen Herzmenschen auf den ich so lange gewartet und gehofft habe, dass es ihn gibt!!!! Man könnte sagen, es sei ein Zufall wie wir uns trafen, aber wenn man tief glaubt weiß man, dass Gott einen führt und lenkt. Dieser Herzmensch ist so wunderbar. Ich erkenne mich in ihm. Eine tiefe Verbundenheit im Herzen und ein sofortiges gegenseitiges Verstehen ist sichtbar und unsichtbar, wie an einem Band das von Herz zu Herz sich verbindet. Es ist einfach ein unbeschreiblich schönes Gefühl gefunden zu haben. Liebe Leser und Leserinnen, so ein Gefühl der tiefen Liebe soll es sein, wenn man zusammen kommt. Den anderen zu verstehen ist mehr als zuhören .... .

Den anderen mit dem Herzen sehen, sein Herz sehen.

Denn man sieht nur mit dem Herzen gut, so wie es auch in dem Buch „Der kleine Prinz" von Antoine de Saint-Exupéry heißt.

Ich möchte sie heute ermutigen nicht aufzugeben, Gott schickt zur rechten Zeit den Menschen an ihre Seite, den sie brauchen. Gott möchte, dass es ihnen gut geht!!! Somit ist es manchmal so, dass ein Wunsch nicht gleich in Erfüllung geht, doch Gott hält für jeden Menschen den richtigen ♥-Menschen, der zu einem passt, bereit!!! Ist es nicht herrlich sich ganz und gar auf Gott zu verlassen, ihm zu vertrauen und sein Herz ganz zu öffnen!!! Welch ein großartiges Gefühl die Liebe zu spüren und die Liebe zu geben. Ob sie ihren Herzmenschen, also den, der für sie bestimmt ist, gefunden haben, erkennen sie, wenn ihr Herz ja sagt. Es fühlt sich an als ob sie diesen Menschen schon ewig kennen. Die Küsse sollten Herzküsse sein ☺, das heißt, wenn sie ihren Partner küssen, spüren sie ihr Herz dabei und ein inniges, tiefes Gefühl durchflutet ihren Körper! Ist es nicht wunderbar, dass jeder Mensch das Wunder der Liebe spüren kann, wenn er sein Herz öffnet für die göttliche Energie, die wärmt und Licht schenkt. Ich wünsche ihnen allen einen Herzmenschen, der mit dem Herzen zu ihnen spricht und auf sein Herz hört.

Lieber Gott, ich bin dir so tief dankbar einen Herzmenschen gefunden zu haben! Der mich auf meinem Selberweg mit Licht begleitet und zu mir hält. Ich danke dir, dass ich mein Herz so tief spüren darf und ich somit viel Liebe an die Menschen weitergeben kann.

Liebe Leser und Leserinnen, haben sie volles Vertrauen auf Gott, Gott der die Liebe ist!!!

<u>Amen ich sage euch:</u>

<u>Wer an die Liebe glaubt zu dem wird sie kommen!!</u>

Und auf ewig bei ihm wohnen!!!

So versprach´s der Herr dein <u>Vater</u>!!!!!

Vertrauen zu dir, in dir, Vertrauen zu Gott, Vertrauen darauf, dass Gott es gut mit dir meint

Vertrauen ist die Basis einer jeden Liebe. Mit Vertrauen steht oder fällt alles!!!

Gott ist die Liebe und er lässt dich niemals ins Verderben rennen. Wenn du auf dein Herz hörst, sagt er dir was richtig oder falsch ist, bzw. du kannst mit ihm ein Gespräch führen und ihn alles fragen.

Aber zweifel nicht!!! Der Zweifel ist ein Werk der Dunklen, die dir einreden möchten, dass der Mensch es nicht gut mit dir meint und du so an ihm zweifelst. Frage Gott und er sagt dir was du tun sollst ..... . Und du brauchst nicht zu leiden noch negative Gedanken zu haben. Gott lässt dich nicht allein!!!! Er schickt dir seine Engel, so dass es dir gut geht und du nichts fürchten brauchst.

Es wird alles gut!

So versprach's der Herr.

Lege deine Unruhe in Gottes Hand und er wird dich zur Ruhe bringen und dir Freude in dein Herz schenken. Vertrauen lernt man auch von den Eltern. Eltern, die fürsorglich und im besten Sinne und zum Wohl des Kindes handeln, schaffen eine gute Basis für Vertrauen. Hier spricht man auch von Urvertrauen, das Vertrauen darauf, dass alles gut wird. Kindern, denen ein solches Urvertrauen fehlt, die wenig Liebe mit auf ihren Lebensweg bekommen, ist es besonders wichtig zu erklären, dass es jemanden gibt, der sie für immer und ewig sehr liebt, und das ist Gott. So bekommen diese Kinder auch wieder ihren Halt im Leben zurück und schöpfen neues Vertrauen in Menschen, die ihnen an die Seite gestellt werden. Gott lässt niemanden allein! Weil Gott praktisch in dir schon ist und wohnt! Gott vertraut dir, vertraust du ihm?!

Vertrauen ist bedingungslose Liebe zu deinem Vater, und auch zu Menschen, die du liebst.

Vertrauen ist Nächstenliebe und die Liebe für sich selbst.

Vertrauen ist Klarheit und Wahrheit für das Göttliche in dir.

Vertrauen hilft dir über Mutlosigkeit hinweg.

Vertrauen erlaubt dir, dich ganz und gar führen zu lassen. Gott sorgt für dich!

Vertrauen ist elementar für jede Art von Beziehung!!!

Vertrauen schafft Liebe!!!!

Gott möchte dir heute die Zweifel nehmen, damit du dich ganz und gar auf seine Liebe einlässt. Er liebt dich so sehr!!!! Er bittet dich, sei nicht traurig, es wird alles gut!!!

<u>Amen ich sage euch:</u>

Wer in mir Vertrauen gefunden hat, wird Vertrauen erfahren, spüren und leben, denn ich bin dein Vater, der dich mit seiner großen Liebe führt und lenkt!!!!

Dankgebet von mir:

Lieber Gott, heute wurde mir wieder einiges bewusst. Das Vertrauen auf <u>Dich</u> ist tiefer geworden und ich kann den Zweifel ablegen und frohen Herzens meinen Weg gehen. Ich danke dir für deine herrliche und unbeschreiblich große Liebe!!!!

Der Fuchs Immerschlau mit einem Herzen voller Wärme, Mut und Ehrlichkeit!

Eine Geschichte für Menschen bei denen die Fantasie wohnt ☺.

Der kleine Fuchs Immerschlau wohnte in einem herrlichen Wald, wo sich sozusagen Fuchs und Hase gute Nacht sagen. Dieser Wald war kein gewöhnlicher Wald, es war ein Wald der Liebe und der Geborgenheit!!

So nannte ihn der Fuchs immer wieder wenn er eine seiner zahlreichen Geschichten erzählte und die Waldbewohner ihm aufrichtig zuhörten. Denn dieser Fuchs Immerschlau erzählte von der großen Liebe, die vom Herzen ausgeht und dort wohnt!!!

Als er mal wieder in Stimmung war und alle Waldbewohner versammelt waren, stellte er sich auf einen Baumstamm, erhob leicht sein Gesicht Richtung Himmel und erzählte eine Geschichte von der Liebe!!!

Er begann zu reden:

Es war einmal ein schlauer Fuchs der nach der großen, wahren Liebe suchte. Er suchte sie überall.

Wo er auch an den unterschiedlichsten Plätzen im Wald war .... Er sah viele schöne und intelligente Füchsine. ☺

Mit einigen kam er auch zusammen; diese Füchsine begleiteten ihn eine Weile .... .

Es gab schöne Zeiten, aber auch sehr schwere Zeiten. Er merkte und spürte in sich, war das schon die Liebe?

Ihr müsst wissen, sagte er zu den Waldbewohner, dieser Fuchs hörte damals nicht auf sein Herz oder nur teilweise, und so war seine Liebe nicht immer einfach!

Denn liebe Waldbewohner, das weiß ich jetzt, wer auf sein Herz hört, ist auf dem guten passenden Weg.

Als er so weiter erzählen wollte, bekam der schlaue Fuchs Tränen in die Augen, weil es in seinem Leben ähnlich verlief und er einen tiefen Schmerz verspürte!!!

Alle Waldbewohner hielten für einen Augenblick die Luft an ...... , denn sie waren keine Tränen von ihrem schlauen Fuchs gewohnt und neigten verschämt ihre Köpfe.

Der schlaue Fuchs wischte sich seine Herzenstränen ab und begann weiter zu erzählen ....

Von dem besagten Fuchs der auf der Suche nach der wahren Liebe war.

Er fing wieder an, liebe Waldbewohner, und erhob leicht seinen Kopf, dieser Fuchs erkannte eines Tages, durch viele Schicksalsschläge und tiefe Verletzungen, dass er nur sein Herz öffnen bräuchte und schon floss die Liebe hinein.

Die Waldbewohner waren irritiert, wie das Herz aufschließen, wie soll das gehen?!

Der schlaue Fuchs sagte, hört auf euer Herz, fühlt hinein, es ist nicht nur ein Herz, ein Organ, sondern ein Herz voller Licht und Liebe!!

Die Waldbewohner legten ihre Pfoten auf ihr Herz und ein leichtes Raunen ging durch den Wald. Dieses Raunen war wie eine Erleichterung zu spüren; sie sagten im Chor, man muss nur auf sein Herz hören und es wird gut. Es wird ein guter Weg sein, voller Licht und Liebe!!!

So nach und nach stimmten alle Waldbewohner mit ein. Man muss wissen, es kamen noch viele dazu ..... denn es sprach sich schnell herum im Wald, was gerade passiert war.

Sie kamen von nah und fern um zu hören, was der schlaue Fuchs zu sagen hatte!!

Der schlaue Fuchs, er bat um Ruhe, denn nur in der Ruhe und Stille kommt die Liebe zu einem!!!

Er fuhr mit seiner Geschichte fort; doch jetzt wurde seine Stimme sanft und etwas leiser ....

Liebe Waldbewohner, dieser besagte Fuchs war nach langem Suchen nach der Liebe, auf seinem Lebensweg müde geworden und sagte sich, für was denn? Ich habe keine Lust mehr und er begab sich in seinen Bau!!!

Er schlief viel, aber auch Ablenkungen schafften es nicht, nicht nachzudenken ..... .

Als er dann mal wieder so durch den Wald schlenderte, begegnet dieser besagte Fuchs einer anderen Füchsin. Er wusste nicht, er sah sie an und an und an ...... was war bei dieser Füchsin anders?!

Er kam ihr etwas näher von Tag zu Tag, aber immer nur ein Stück ....

Denn wenn man sich vertraut machen will muss man sich gegenseitig Zeit geben ....

Er betrachtete die Füchsin also ganz genau, Tag für Tag, wechselte so manches Wort, Blicke und kleine Berührungen lies der Fuchs auch schon zu.

Er bemerkte, dass die Nähe der Füchsin gut tat! ....

Er fühlte sich in ihrer Nähe wohl, man kann so sagen "sauwohl" ☺ oder einfach geborgen.

Liebe Waldbewohner, sagte der Fuchs Immerschlau, denn er war ein Fuchs, der eine aufrichtige und liebenswerte Art hatte.

Liebe Waldbewohner, dieser besagte Fuchs, erkannte nach und nach, wenn er seinen Schmerz aus der Vergangenheit loslässt und ihn himmelwärts schickt, dass sich dann sein Herz öffnen kann!!!!

Die Waldbewohner wurden noch stiller und sie spürten, dass auch sie Lebensmuster, Schmerzen in sich trugen. Sie legten wieder ihre Pfoten auf ihr Herz und leiten himmelwärts, dass dieser Schmerz gehen mag!

Der schlaue Fuchs war von dieser Ruhe und Stille und den Gesten der Waldbewohner so angetan ..... .

Er verneigte sich langsam und andächtig vor ihnen und sagte: wer auf sein Herz hört hat den guten passenden Weg!!

Es war ein Gefühl als stände die Erde still.

Als der schlaue Fuchs diese Worte sagte war ein Knistern zu spüren, es war Liebe in der Luft zu spüren!!

Der schlaue Fuchs erhob sich dankbar und fuhr mit seiner Geschichte fort!!!

Die Waldbewohner waren alle sehr angespannt, natürlich positiv angespannt, was nun mit dieser Füchsin wäre.

Liebe Waldbewohner, betonte der schlaue Fuchs ...... hielt einen Moment inne und atmete tief ein und aus, diese Füchsin trug die Liebe und das Licht in sich ....

Es war zu spüren und zu sehen durch ihre Augen. Denn wer mit dem Herzen sieht, dem strahlt die Liebe und das Licht durch die Augen!!

Die Waldbewohner schauten sich gegenseitig lange in die Augen ☺ und wahrhaftig, um so länger und genauer es war, war ein Leuchten und Strahlen zu sehen. Der ganze Wald war im Licht, er strahlte wie am Tag, obwohl es Nacht war.

Auch der schlaue Fuchs war sehr angetan und er sagte laut "DANKE" in den Wald hinein.

Denn er erkannte, dass die Worte, die er sagte, den Waldbewohner halfen auf ihr Herz zu hören!!!

Der schlaue Fuchs erzählte weiter von diesem besagten Fuchs.

Liebe Waldbewohner, dieser Fuchs erkannte, dass sich jetzt in seinem Leben etwas ändern kann, wenn **er loslässt, belässt und zulässt.** Diese Worte standen im Raum ....

Alle Waldbewohner wiederholten diese Worte laut und sie verhallten dann ganz leise im Wald. Der schlaue Fuchs erkannte, dass seine Worte ihn selbst übermannten und er begann bitterlich zu weinen ....

Es erlaubte sich kein Tier im Wald auch nur einen kleinen Ton von sich zu geben!!!

Der Respekt und das Mitgegfühl unter den Waldbewohner war groß!!

Der schlaue Fuchs wischte seine Tränen fort und sagte: „liebe Waldbewohner dieser besagte Fuchs bin ich!!!"

„Ach" ...... sagten die Waldbewohner und ein Lächeln kam über ihre Gesichter. ☺

Bei dem schlauen Fuchs war eine Erleichterung zu sehen. Er richtet sich auf und sagte „JA"!!!!

Dieser Fuchs bin ich, und ich habe die Liebe gefunden, die Liebe von Herz zu Herz.

Liebe Waldbewohner, ich konnte diese Liebe von besagter Füchsin erst nicht annehmen, weil diese Liebe so groß und unfassbar war. Doch Stück für Stück, in dem ich mein altes Leben los ließ und Liebe von dieser besagten Füchsin bekam, wurde mein Herz wieder heil!!!

Dafür bin ich ihr sehr dankbar!!!!

Ein sehr mutiger Waldbewohner sagte sehr aufgeregt in die Runde hinein: „Aber lieber Fuchs wo ist denn ihre Füchsin?!"

Er sagte mit einem Lächeln im Gesicht, liebe Waldbewohner, es kommt die Zeit, da werde ich euch diese besagte Füchsin vorstellen, die dann fortan an meiner Seite in Licht und Liebe den Lebensweg mit mir geht!!!

Die Waldbewohner applaudierten und riefen: „Danke für deine ehrlichen Worte!!!"

Ab diesem Tag war alles anders, denn in diesem Wald war Frieden zu spüren ....

Ein Wald voller Licht und Liebe!!!!

Fuchs Geschichte Teil 2

Der Wald voller Licht und Liebe ....
Ja, dieser Wald ist ein besonderer Wald, es ist ein Energiewald für alle Waldbewohner geworden!

Der Fuchs Immerschlau ist befreit von Angst, Sorgen und seiner Vergangenheit und kann so jetzt seinen Selberweg mit seiner Füchsin gehen. So dachten es alle Waldbewohner .... aber es kam anders?!

Der Fuchs Immerschlau stellte sich wie gewohnt auf seinen Baumstamm und es versammelten sich alle Waldbewohner!

Der Fuchs Immerschlau war heute sehr geknickt und eingeschüchtert und sagte: „ich kann die Liebe der Füchsin nicht annehmen!?!"

Alle Waldbewohner waren schockiert, wie kann es sein, dass unser Fuchs Immerschlau die Liebe nicht annehmen kann .... er hat doch eine so wunderbare Füchsin neben sich!!

Ein etwas entmutigter Waldbewohner rief ganz laut in die Waldrunde: „Aber ... . Aber ...... du sagtest doch, du wirst mit ihr in Licht und Liebe den Lebensweg gehen! Und nun das?!"

Der Fuchs Immerschlau sagte: „liebe Waldbewohner ich schäme mich euch dies zu sagen ....

Ich kann einfach nicht ....

Weil diese besagte Füchsin einfach zu gut für mich ist!!!

Ich kann diese große Liebe nicht fassen, wie geht das, dass sie so viel Liebe im Herzen trägt und sie diese Liebe austeilt, ohne Bedingungen, einfach so .... ?"

Der Fuchs Immerschlau bekam Tränen in die Augen ...... sie liefen einfach nur so herab. Die Waldbewohner erkannten jetzt, unserem Fuchs muss es wohl sehr schlecht gehen oder was ist mit ihm?!

Ein scheues Reh trat vor ihn hin und sagte mit zitternder Stimme: „ich verstehe dich nicht, du hast die Liebe gefunden und nimmst sie nicht an. Warum?" Das scheue Reh war so von ihren Worten überrollt und fing bitterlich an zu weinen ....

Und sagte währenddessen: „weißt du wir leben von dieser einen Geschichte, der Liebesgeschichte zwischen dir und deiner Füchsin, sie ist für uns ein Zeichen, dass es die wahre Liebe gibt, von Herz zu Herz und nun dies!?!" Alle Waldbewohner fassten sich an ihr Herz und sie verspürten einen tiefen Schmerz!!!

Warum nur, fragten sich die Waldbewohner unter sich!!

Einer der Redner unter den Waldbewohnern erhob sein Gesicht und sagte mit lauter Stimme zu dem Fuchs Immerschlau: „weißt du was du **uns allen Waldbewohner damit nimmst?! Die Hoffnung und den Glaube an die <u>Liebe!!!</u>"** „Ja" riefen alle Waldbewohner, es wurde immer lauter im Wald und Empören und lautes Geschrei machte sich breit!

Der Fuchs Immerschlau zitterte und er setzte sich tief beschämt auf seinen Baumstamm ....

Er sagte kein Wort mehr!

Doch das laute Geschrei der Waldbewohner endete nicht!!

Immer mehr kamen herbei geeilt um zu hören, wo dieses laute Geschrei herkam!

Der Wald war über und über voll, er platzte sozusagen aus allen Nähten!!

Die Waldbewohner schrieen immer mehr ...... „Wie kannst du dies tun, warum? Warum?"

Man muss sich vorstellen, selbst der Regenwurm im Boden kam aus der Erde gekrochen und war empört!!

Es schrieen alle so laut, so dass die Erde erbebte. Es klang als reiße die Erde auf .... durch das Getrampel der Tiere und deren Geschrei!

Der schlaue Fuchs Immerschlau saß nun zusammengekauert und ganz klein auf seinem Baumstamm und steckte seinen Kopf zwischen seine Füße!

Auf einmal war es still ....

Seltsam, wie von Engelshand stand seine Füchsin neben ihm und schrie laut ....

mit herzerbebender Stimme: „Fuchs Immerschlau, ich liebe dich mit meinem ganzem Herzen!!!"

Die Waldbewohner bekamen von dieser Aussage der Füchsin Tränen in den Augen. Einige liefen weg und andere drehten verschämt die Köpfe zur Seite. Nach einiger Zeit, es vergingen Stunden, schauten sich die Waldbewohner an und an!!!

Ein sehr aufrichtiger und intelligenter Hase rief so laut er konnte:

„Herr Fuchs Immerschlau, steh auf und schau deiner Füchsin in die Augen, was siehst du da?!"

Der Fuchs Immerschlau sagte ganz leise ...... mit weichen Knien: „Eine begehrenswerte Füchsin mit wunderschönen Augen, einfach alles!!!"

Der Hase sagte laut, aber bestimmt: „Ja was willst du denn noch?!!!"

Der Fuchs Immerschlau antwortete erst nichts ...... und dann brach er in lautes Weinen aus .... Das Weinen schien nicht zu enden und wie schon erzählt, kein Waldbewohner rührte sich von der Stelle, noch wurde gesprochen!

Es vergingen Tage .... Der Fuchs Immerschlau weinte und weinte!!

Die Waldbewohner hielten die Stellung und wechselten sich stets ab. Immer ging einer heim, dafür kam ein anderer Waldbewohner, um ihn nicht alleine zu lassen!

Es verging eine Woche. Auf einmal erhob sich der schlaue Fuchs Immerschlau und sagte mit sanfter Stimme. „Liebe Waldbewohner, ich danke euch von tiefen Herzen!!! Für eure Unterstützung und Hilfe!!!!"

Er machte eine Pause ....

Drehte sich zu seiner Füchsin und sagte: „Liebe Füchsin, willst du mich heiraten und für immer bei mir sein?!"

Der Fuchs Immerschlau war errötet und er zitterte am ganzen Körper ....

Die Füchsin war sehr betroffen von dieser Gestik, holte tief Luft und schrie ganz laut in den Wald hinein: „Ja ich will!!!"

Die Waldbewohner applaudierten so laut, dass der Himmel sich aufriss und engelhafte Wesen zum Vorschein kamen, die mit freundlichem Gesicht den Waldbewohnern zuwinkten!!

Der ganze Wald erstrahlte heller als am sonnigsten Tag der Weltgeschichte!!

Eine Stimme aus dem Himmel sagte sehr laut und doch sanft: „Lieber Fuchs und liebe Füchsin, ihr habt das Werk Gottes erfüllt!!"

Denn das Licht siegt immer!!!!

Denn das Licht und die Liebe ist das größte Werk das wir tun können!!!

Es regnete Herzen und Rosen, weil heute die Geschichte wahr wird, die Prophezeiung wahr wird, und alles auf der Welt zum Licht wird.

Die Stimme wurde leiser und der Himmel wieder zum Himmel.

Alle Waldbewohner waren nun versammelt und ihre Herzen schlugen laut, laut zu hören und zu sehen!!

„Ja", sagten sie im Chor .... „Licht und Liebe sind nun vereint und kein Un-friede wird je mehr sein!!!"

Die Waldbewohner umarmten sich, drückten sich, streichelten sich und ließen sich nie mehr los. ☺

Natürlich ließen sie sich los. ☺

Doch es dauerte Stunden!! ☺

Der Fuchs nahm seine Füchsin an die Pfote und sagte: „Komm wir ge-hen .... "

Das Werk ist vollbracht!!!!

Fuchs Geschichte Teil 3

Der Fuchs Immerschlau ist ein Fuchs, so wie es der Name schon sagt, Immerschlau, und so wusste der Fuchs auch schon im Voraus, was in der Geschichte von ihm und seiner Füchsin passieren wird. Da er das tief in seinem Herzen spürte und er schon immer wusste, was sein soll und wird, machte er aus dieser Geschichte das, was er möchte. Er würfelte die einzelnen Passagen der Geschichte Teil 1 und Teil 2 immer wieder durcheinander, so dass keiner der Waldbewohner wusste, wo wir denn gerade in der Geschichte angelangt sind?! Immerschlau ist traurig, wütend und entsetzt: warum soll ich das sein? Warum soll ich die Aufgabe haben, die Waldbewohner ins Licht zu führen? Er sitzt wie immer in seinem Bau und überlegte und überlegte ....

Es vergingen Tage, Stunden, Minuten!

Die Waldbewohner waren sehr empört über das Verhalten des Fuchses! Da sie alle dachten, jetzt, nachdem er alles losgelassen hat, die Tränen aus der Vergangenheit, Schmerz, Kummer, jetzt müsse es doch weitergehen!! Doch der Fuchs Immerschlau war, ist kein gewöhnlicher Fuchs!!!

Er ist ein Fuchs der die Waldbewohner retten und ins Licht führen kann. Das muss man wissen!!! Ohne ihn ist weiterhin Unfrieden und kein Licht zu sehen!!!

Die Waldbewohner standen stundenlang vor seinem Bau und warteten und warteten, was wohl geschehen mag. Es war weder Empören noch Geschrei der Waldbewohner zu hören, weil sie schon von der Geschichte, die vorausging, wussten, wie es sein kann!!

Man muss auch sagen, das Weinen hat der Fuchs Immerschlau schon hinter sich gebracht und die Waldbewohner hatten auch nicht das Gefühl, sie müssten ihm dort noch helfen!!! Im Fuchsbau saß nun unser Fuchs Immerschlau ganz allein!! Er fühlte sich leer, kaputt und irgendwie auch erleichtert!!!

Doch wo war seine Füchsin?! War sie bei ihm? So dachten einige Waldbewohner laut nach! Ein mutiger, sehr mutiger Waldbewohner klopfte an die Türe des Fuchsbaus. Man muss wissen, er war der einzige Fuchs, der eine Türe zu seinem Bau hatte.

Der Fuchs Immerschlau steht auf Extras, die sonst keiner hat.

Die Eule Ailuj, die genau schaut, weil sie den Fuchs von tiefstem Herz liebt, war aufgeregt. Sie solle nachschauen. „Oh je" dachte sie, ob er mich überhaupt herein lässt?!!

„Egal", dachte sie, jetzt oder nie. Ailuj ging einfach hinein und sah den Fuchs, der ganz klein auf einem Stein saß und dort saß, als wäre er nicht da!! Ailuj war entsetzt. Was ist nur mit unserem Fuchs los!!!!? Sie setzte sich vorsichtig zu ihm. Der Fuchs Immerschlau sah Ailuj an und an und fragte: „Was möchtest du??!" „Mit dir reden!!!"

Der Fuchs Immerschlau sagte: „Was gibt es da zu reden?! Ich kann nicht!! Was ihr von mir möchtet, ist das, was ich nicht möchte!!! Und doch irgendwie möchte .... . Ach, ich versteh mich selbst nicht mehr!!" Ailuj saß nur da und fragte: „Was hindert dich diesen Weg der Liebe und des Lichts anzugehen?" Der Fuchs hob leicht das Gesicht und antwortete: „Warum gerade ich?! Es gibt so viele Waldbewohner und ich soll die Waldbewohner befreien – ich?!!" Er wiederholte immer und immer wieder diesen Satz!!! Es vergingen Minuten .... Dann war es ruhig. Ailuj streichelte jetzt den Fuchs Immerschlau über die Pfote und sagte: „Wir alle helfen dir doch dabei. Du bist nicht allein auf diesem Weg!! Vor allem hast du eine sehr starke Füchsin bei dir. Wo ist sie eigentlich?" „Ja", sagte der Fuchs ..... . „Die Füchsin ist weg. Sie hielt meine Schwierigkeiten und Schwankungen nicht aus. Und ging.... ." Dem Fuchs liefen jetzt die Tränen hinunter und seine Stimme zitterte!! „Ich möchte mit ihr den Weg gehen!!! Die Füchsin ist aber so toll und ich, ich mit meiner Art und meinem Verhalten habe sie nicht richtig behandelt. Ohne viel Liebe habe ich sie behandelt und sie liebte mich trotzdem noch. Wie kann das sein?!" Ailuj sagte: „Das ist eben wahre Liebe!! Sie liebt dein Herz, dein Wesen, einfach alles!!! Nur möchte sie einen Fuchs, der Wärme in sich trägt und keinen Chaoten!!" ☺

Der Fuchs Immerschlau musste jetzt ein wenig lachen .... Er verstand, dass es jetzt an der Zeit ist, die Geschichte zu Ende zu bringen. Es gingen ihm, so zu sagen, die Lichter im Herzen auf. Er stand auf und sagte laut und bestimmt: „Führt mich schnellst möglichst zu meiner Füchsin!" Die Waldbewohner, die draußen vor dem Bau ungeduldig warteten, riefen durcheinander: „Ja wo ist sie, unsere Füchsin?"

Ailuj gab den Hinweis: „Höre auf dein Herz. So wirst du sie finden!"

Der Fuchs Immerschlau lächelte Ailuj an ..... . „Ja, ich möchte ab jetzt immer auf mein Herz hören und in Licht und Liebe den Weg gehen!!" Ailuj sagte: „Dann geh und suche!!!"

Der Fuchs Immerschlau rannte so schnell er konnte durch den Wald. Man muss wissen, wenn er will, kann er. ☺

Es vergingen Tage – er fand sie nicht ..... . Wo war sie nur?!! Er blieb stehen und dachte wiederum nach. Der Fuchs Immerschlau war sichtlich am Ende seiner Kräfte. Da kam ihm eine Idee!!! Er ging dort spazieren, wo er seine Füchsin zum ersten Mal sah!!

Er machte sich mit den letzten Kräften auf den Weg!! Auf dem Weg wurde es ihm ganz warm im Herzen und er erkannte in sich, was er alles falsch gemacht hat im Verhalten zu seiner Füchsin!!

Er ließ sich entkräftet auf den Boden fallen und rief ganz laut: „Füchsin, wo bist du?!" Doch es antwortete keine Füchsin!!

Jetzt fühlte der Fuchs einen tiefen Schmerz in sich! Hat er seine Füchsin verloren?!! Zufällig kam an diesem besonderen Ort der schlaue Hase vorbei, sah den Fuchs liegen und beugte sich zu ihm hin. „Fuchs Immerschlau, was ist mit dir?!!"

Er antwortete nicht .... . Der schlaue Hase wusste schon Bescheid und hob mit seiner Kraft den Fuchs auf und sagte: „Sagte ich dir nicht: was willst du eigentlich? Du hast die Liebe gefunden und nun?!!!"

Der Fuchs bejahte: „Ja, ich sehe es jetzt auch ein. Nur ich kann sie nicht finden!?! Ich bin mir nicht sicher, ob sie mich noch möchte?!!" Der schlaue Hase war entsetzt. „Du weißt ganz genau, dass sie dich liebt, auch mit deinem Verhalten, dass du ihr gezeigt hast. Sie liebt eben mit ganzem Herzen." „Ja, ja", sagte der Fuchs, „aber wo ist sie?" Als er diesen Satz aussprach, stand seine Füchsin neben ihm!!!

Der Fuchs Immerschlau war etwas schockiert und gleichzeitig froh – sie ist da!!!!

Er schaute ihr verschämt ins Gesicht!!

Die Füchsin fragte ihn: „Was willst du?"

Der Fuchs Immerschlau antwortete: „Ich bin jetzt ganz und will dich begleiten auf dem Weg des Lichts und der Liebe!" Die Füchsin sagte: „Dieses mal bist du dir sicher?" Er rief sehr laut: „Ja!!! Ich will!!"

Die Füchsin war sichtlich erleichtert, denn sie war von dem Schmerz der letzten Wochen sehr mitgenommen.

Sie weinte und sagte dann: „Zeig mir, dass du es ehrlich meinst!!!" Der Fuchs Immerschlau lächelte: „Ja, ich beweise es dir und der erste Schritt meiner großen Liebe für dich ist, dich zu heiraten und für immer bei dir, um dich, praktisch wie dein zweites Ich, ☺ bei dir zu sein." Die Füchsin musste jetzt lachen, denn der Fuchs Immerschlau kann sehr charmant sein. ☺

Sie lachten gemeinsam und das Lachen verbreitete sich so schnell, dass alle Waldbewohner herbei kamen und in das Lachen mit ein stimmten. Keiner wusste irgendwie warum, aber das Lachen steckte so an, dass man einfach mitlachen musste.

Nach Tagen der Freude machten sich der Fuchs und seine Füchsin auf, in die große Welt zu gehen und einfach mal zu entspannen. Sie gönnten sich eine Auszeit zu zweit, um dann das anzugehen, was ihre Aufgabe ist, die Welt ans Licht, zur Liebe führen!!

Ende der Geschichte und doch ein Anfang für Alle!

Fragen, Bitten, Danken und Entschuldigen

Wichtige Regeln um auf dem Lichtweg zu Gott hinzugehen ....

Fragen

Es ist wichtig im ständigen Kontakt zu Gott zu sein, so kannst du all deine Fragen Gott stellen und er antwortet dir sofort und immer so, dass es für dich der gute, richtige Weg ist. Fragen an ihn gerichtet sollen von Herz zu Herz gestellt sein. Das heißt vom Herzen ausgehend. Gott spricht die Antwort in dein Herz hinein. Höre immer auf dein Herz, denn nur hier spricht Gott hinein, so wie im Herzzentrum beschrieben. Durch deine Fragen bindest du Gott aktiv in dein Leben mit ein. Du befindest dich auf dem Lichtweg, den Weg hinzu zu Gott!! Gott, der dein Vater ist und immer sein wird.

Bitten

Fragen und Bitten sind eng miteinander verbunden. Oft ist eine Frage mit einer Bitte verbunden. So kannst du Gott immer bitten, dass er dir hilft und dir den guten, für dich passenden Weg zeigt!! Es kann auch sein, dass dein Wunsch nicht in Erfüllung geht, weil es für dich so nicht gut ist, dann sei nicht traurig. Er hat sich schon längst etwas anderes ausgedacht. Zum Wohl dir und deinem Wege. Bitte auch immer um die Mithilfe seiner Engel. Die Engel sind Gottes Hilfe und Unterstützung. Engel können dir Schutz, Hilfe, Trost und Begleitung sein, bei all dem was du tust!!!! Formuliere also all deine Bitten, so dass du auch die Engel damit ansprichst, um konkrete Hilfe bittest. Zum Beispiel: Lieber Mutmach-Engel, gib der Person .... Mut, um die Situation gut zu meistern. Bitten an Gott und seine Engel sollten immer wieder und täglich gestellt werden, wie bei den Fragen. So bist du ständig in Kontakt mit Gott und seinen Engeln, so bekommst du auch ins Herz gesagt, ob du andere Dinge tun sollst oder z.B. an den Bitten festhalten sollst!!! Es kann sich deine Lebenssituation ändern und so kann es sein, dass dein „Selberweg" zu Gott sich ändert und du einen neuen Weg einschlägst und gehst. Somit die Bitten, die du an ihn gerichtet hast, eventuell so nicht mehr sein sollen bzw. du die Bitten so nicht mehr stellen brauchst. **Also höre immer auf dein Herz. Gott spricht dir immer wieder Botschaften in dein**

Herz. Höre genau hin. Sorge für viel Ruhe und Stille. So kannst du ihn hören. In der Ruhe und Stille bist du ihm nahe!!!!!

Danken

Wenn du mit Gott und seinen Engeln sprichst und er dir hilft, denke immer daran, dass du dich am Ende deines Gespräches bedankst. So wie bei einem Menschen, der dir hilft und du froh bist, dass er da ist.

Bedanke dich von Herz zu Herz. Gott ist unendlich froh, wenn du dich mit deinen Worten bedankst und mit deinem Herzen bei ihm bist.

Gott sei Dank, dass er unser Leben begleitet und uns den Weg zeigt. Den Weg, der nicht ins Leid führt, sondern den guten, für dich passenden Weg zeigt!!!!!

Denn im Danken, da liegt Segen!!!

Denke an einen Menschen, den du liebst und der dir schon oft geholfen hat, wie er sich gefreut hat, als du dich bedankt hast!!!!

Dank ist ein sehr wichtiger Bestandteil, um auf dem Lichtweg zu gehen. Danken bereitet <u>Freude</u>. Man schätzt das, was für einen getan wird!!!!

Mit Danken erkennt man die Arbeit und Gedanken, die der Mensch in die betreffende Person an Kraft und Energie hinein gesetzt hat an.

So möchte auch Gott, dass du ihn wertschätzt und achtest wegen der Kraft und Energie, die von ihm und seinen Engeln ausgeht!!!!

Im Danken, da liegt <u>Segen</u>!!!!

Gott und die Engel freuen sich, dein Dankgebet zu hören!!!!!

Entschuldigen

Der Mensch macht <u>Fehler</u>!!! Das ist <u>menschlich</u>!!!!!

Wir Menschen können nicht alles richtig machen ....

Und wo viele Menschen, oder auch nur zwei, zusammen kommen, da macht der Mensch Fehler, weil er oft zu spontan reagiert und nicht sein Herz befragt, was er tun soll!!!!

Wenn du also merkst, dass du auf den „Kopf" gehört hast und dich von den „Dunklen" hast leiten lassen ...., dann komme wieder zurück. In der Ruhe und Stille hörst du <u>Gottes Wort</u>!!!! In deinem Herzen spricht er zu dir!!!!

Hast du also einen Fehler begangen, dann entschuldige dich bei Gott und seinen Engeln dafür, dass du nicht gehört hast und somit z.B. an diesem Tag den dunklen Weg gegangen bist. So auch nicht einen guten Tag erlebt, sondern die dunkle Seite erlebt hast. Wie du schon weißt, haben die Dunklen oft Annehmlichkeiten zu bieten, die dir im ersten Moment als passend erscheinen, aber im Nachhinein sich nicht als gut erweisen. Im Entschuldigen liegt auch viel Kraft und Einsicht.

Im Entschuldigen liegt eine gewisse Zauberkraft. Du kannst mit dem Wort Entschuldigung einen Menschen erreichen, sein Herz erreichen und viel Streit und Ärger gehen vorbei, wenn du dich entschuldigst!!!!!

So ist es auch bei <u>Gott</u>!!!

Er kann dich nur lenken, wenn du auf IHN hörst!!!!

Wenn du auf die Dunklen gehört hast .... und du merkst dieses, komme zu Gott zurück und entschuldige dich bei ihm.

Gott ist gnädig und gütig. Er hat dir schon längst verziehen. Er ist dein Vater und zeigt dir deinen Weg!!!!!

Er ist die unendliche große Liebe und das Licht!!!!!!!

<u>So sprachs der Herr.</u>
Amen ich sage euch: Wer in Liebe lebt wird ewig leben.

Verzeihen können, mit ganzem Herzen verzeihen, vergeben!

Jeder Mensch macht Fehler in seinem Leben, große und auch kleine Fehler. Manchmal spürt der Mensch sofort, dass er unrecht getan hat. Manchmal wird es ihm erst in stillen Stunden bewusst nicht richtig gehandelt zu haben!!

Die Schuld, die dieser Mensch dann auf sich trägt, ist oftmals sehr schwer und kann sich durch körperliche und seelische Missstände äußern. Des öfteren verfällt dieser Mensch auch in die sogenannten Süchte, die heutzutage sehr groß geschrieben sind. Ein paar zu nennen: Alkohol, Drogen u. u., die ein großer Bestandteil der heutigen Gesellschaft sind. Der Mensch weiß nicht weiter und schon kommen die dunklen Gedanken, z.B. ich ertränke meinen Kummer im Alkohol, so dass ich alles vergesse!!

Doch am nächsten Morgen ist der Mensch genau in der gleichen Lage wie zuvor. Bei Gott findet der Mensch immer Vergebung .... Gott hat dir schon verziehen!!!

Hast du einen Fehler begangen, solltest du dich unbedingt bei der Person entschuldigen bzw. um Verzeihung bitten!!!

Wenn du um Verzeihung bittest, ist es unbedingt wichtig, dass es aus deinem tiefen Herzen und überzeugend kommt, Unrechtes getan zu haben. Der Mensch der vor dir steht weiß bzw. spürt, ob du es auch ernst meinst, bzw. deine Fehler einsiehst, sie erkannt hast als solche.

Verzeihen ist leider nicht mehr aktuell!!!!!

Verzeihen ist Nächstenliebe, Güte und Gnade an seinen Mitmenschen aus- zuüben.

Verzeihen heißt, die Mauer einbrechen zu lassen.

Verzeihen ist eine große menschliche Erhebung und zeigt große Liebe gegen- über dem, der vor einem steht.

Verzeihen ist die Gabe, dem Anderen zu zeigen, dass er „trotzdem" wichtig ist und liebeswert.

Wichtig ist auch, dass man sich selbst auch vergibt. Gott nimmt die Schuld oder deinen Fehler auf sich. Gib deine Last ab!!!

Er kam auf die Welt um unsere Sünden, Fehler, Schuld auf sich zu nehmen, damit Friede sein kann.

Also befreie dich von deiner Schuld, die oftmals auch selbst zu hoch gesehen wird.

Sei nicht zu selbstkritisch, sondern handle aus deinem Herzen heraus, bitte den Menschen um Verzeihung und geh ins Gebet mit Gott. Er sagt dir, was richtig ist!!!

Handel du nach deinem Herz!!!!

Wirkliche, ehrliche und befreiende Verzeihung erhältst du nur bei deinem Vater, Gott!!!!

Er nimmt deine Hand und du brauchst weder Angst, Schuldgefühle oder ähnliches zu haben.

Du bist sein Kind und er nimmt dich in seine liebenden Armen auf!!!

Gott ist Liebe pur!!!!

Gott möchte nicht, dass du leidest. Das ist immer ein Werk der Dunklen, der dunklen Gedanken, wenn du auf deinen Kopf hörst!!

Alles, was du für dein Leben zu tun brauchst ..... ist die Führung Gott in deinem Herzen zu geben, wie ein Kompass, der dir deine Richtung weist!!!

Dann weißt du auch, wenn du Unrecht getan hast, wie du dich verhalten sollst!!!

Kein Mensch ist ohne Fehler, aber jeder Mensch hat jeden Tag neu die Chance es besser zu machen, es gut zu machen. Darum verzeihe auch du dir deine Fehler, so dass es bei dir auch weiter gehen kann, auf deinem Selberweg hinzu zu Gott!!!!

Amen ich sage euch:

Der Mensch, der mit dem Herzen verzeihen kann, wird Frieden erfahren!

Der Friede wohnt in einem und wird auf Ewig bleiben. Denn das, was du deinem Nächsten getan hast, das hast du mir getan!

So sprach der Herr dein Gott!!!!

<u>Dankgebet von mir:</u>

Lieber Gott, ich danke dir für heute, wieder diese wunderbaren Worte schreiben zu dürfen. Es berührt mich tief und ich bin tief dankbar all dies schreiben zu dürfen!!! Danke. ☺

Herbst – Gesuch!!!!

An einem wunderschönen Herbsttag, die Sonne scheint dir ins Gesicht, du siehst die wunderschön gefärbten Blätter der Bäume und träumst vor dich hin!!!

Du lässt die Ruhe in dir zu ....

Und hörst nur mal dem Wind zu, wie er sanft durch die Bäume und deren Blätter rauscht, du wirst still!!!

Spürst du die wohlige Wärme der Herbstsonne?! Wie sie dich durchdringt, lass die Wärme zu – in dir zu!!!!

Die Sonne möchte dich durch und durch wärmen, so dass die Wärme bis in dein Herz gelangt.

Lass die Wärme zu!!!!

Sonnenstrahlen sind die Fernwärme Gottes!!!

Wie schon in einem Kapitel des Buches erwähnt!!! Atme tief ein und aus, und tanke mit jedem Einatmen Sonnenstrahlen, neue Energie, auf!!!! Gott schenkt dir heute einen Herbsttag der besonderen Art.... .

Ein Tag an dem sich dein Herz wieder füllen kann und neue, positive Energie tankt. Lass bitte zu, erkenne wie wunderbar herrlich Gott die Natur erschaffen hat und er sich so durch die Natur / Sonne zum Ausdruck bringt!!!!! Gott hat dir heute einen Herbsttag geschenkt und er lässt dich erkennen wie Gott ist!!!!!! Nehme diesen Tag dankbar an!!!!! Herbststage sind wichtig für den Menschen um zu erkennen, dass sich und wie sich die Natur verändert und somit der Mensch sich verändern kann, wenn er nur möchte. Das heißt, du kannst Gott jeden Tag zulassen in dir!!!!! Spüre die Veränderung in dir!!!! Nehme sie wahr, so wie du die Veränderung der Natur wahrnimmst!!! Der Mensch braucht Veränderungen um sich weiter zu entwickeln. Darum sei auf der „Suche" nach deiner inneren Mitte, in dir, zu Gott .... hinzu bewegen, Stück für Stück ......, sowie die Natur sich im Herbst Stück für Stück verändert!!!! Spürst du wie gut dir die Ruhe tut!!!! Wie die Natur einen still und ruhig macht!!!! Ein jeder Mensch benötigt Ruhe und Stille, um auf sich hören zu können!!!! Nur du allein kannst dich mit dir in dir befassen. Dazu solltest du allein sein, nur du und Gott!!!!! Gott hört dir zu und lässt dich mit deinen Fragen nicht allein!!!! Er hilft dir, er ist Vater, Sohn und Geist in dir!!! Er ist die Ganzheit in dir!!! Verbinde dich mit der Ganzheit und du wirst fortan geführt und begleitet!!!!

Du bist nicht allein!!!! Nie mehr und für ewig, wenn du dich Gott ganz anvertraust!!!! Du hast jeden Tag neu die Chance auf Gott zuzugehen. Er wartet schon lange auf dich!!! Er kennt dich und zeigt dir den guten passenden Weg!!!

<u>Amen ich sage euch:</u>

<u>Wer mir folgt wird ewig leben!!!!</u>

Jeder Mensch hat einen Platz bei mir!!!!!

Denn ich bin bei dir, in dir und für immer und ewig dein Gott!!!!

Gott der <u>Liebe</u>

Darum sei froh und dankbar, dass du heute einen Tag der Veränderung in dir kennenlernen darfst; in dem du dich auf den Weg machst, dich verändern kannst sowie sich die Natur im Herbst verändert und neue Möglichkeiten zeigt, das Leben froh und bunter zu gehen!!! Gott schenkt die Farben damit du dich daran erfreuen kannst und neue Energie, Kraft tankst!!!

Herbst – <u>Gesuch</u> .... .

Suche dich und du wirst Gott finden!!!!

Dankgebet von mir

Lieber Gott, heute zeigst du uns Menschen / mir wieder, dass du ein großer, gütiger und gnädiger Gott bist, und immer wieder die Sonne scheinen lässt, obwohl wir / ich nicht richtig gehandelt haben. Ich danke dir, dass du mir verzeihst, denn ich habe gestern nicht richtig gehandelt, da ich nicht auf dich gehört habe! Tiefer Dank sei für Dich!!! Da ich heute wieder neu erkennen darf, deine herrliche, schöne, wunderbare Natur / Kraft, die von dir ausgeht!!!!

Ich verneige mich vor dir und deinen Engeln für diese Möglichkeiten der Erkenntnis, wie groß deine Liebe ist!!!!!

<u>Danke!</u>

Paare untereinander

Wenn Mann und Frau als Paar zusammenleben, schenken sie sich gegenseitig Liebe und Vertrauen. Fürsorge für den anderen Partner ist eine Selbstverständlichkeit. Wenn zwei oder drei in meinem Namen zusammen sind, da bin ich mitten unter ihnen. Das gilt selbstverständlich auch, wenn Paare den Alltag miteinander leben. Wenn ich in ihren Herzen wohnen darf, dann werden die Probleme oder Sorgen, die mit der Zeit entstehen können, mit Liebe angeschaut und gelöst werden. Es bleibt nicht aus, dass Meinungsverschiedenheiten aufkommen, denn wo Menschen zusammenleben gibt es verschiedene Meinungen. Jeder hat das Recht seine Sichtweise zu äußern. Jeder hat die Aufgabe sich die Ansichten des Partners anzuhören, man darf geteilter Meinung sein und trotzdem sollte man die Sichtweise des anderen anerkennen. Das Reden miteinander soll in Frieden und Liebe geschehen. Es ist von großer Wichtigkeit, dass Liebe und Achtung vor dem Partner an 1. Stelle steht. Hat der Partner einen dunklen Moment, so ist es trotzdem wichtig, dass man zu dem Partner steht und ihn darauf hinweist, nicht richtig gehandelt zu haben. Paare sollten immer gemeinsam Unternehmungen absprechen, und Wünsche und Anregungen des anderen wahrnehmen, annehmen und kompromissbereit sein.

Gott möchte, dass viele Gespräche stattfinden, so dass wenig Missverständnisse zustande kommen. In einem Gespräch lässt sich vieles klären.

Paare sollen sich untereinander Freiräume geben, auch zu tun, was das Herz gerade begehrt. Z.B. wenn einer ein Hobby hat und es für ihn wichtig ist, als Ausgleich zur Arbeit oder ähnliches, dann muss der andere Partner es verstehen können. Jeder Mensch benötigt Freiräume, wo er allein sein kann. Wie schon oft erwähnt, in der Ruhe und Stille ist ein Gespräch mit Gott möglich!

Es benötigt ein jeder Mensch am Tag Zeit für sich. Dies ist nicht auf Stunden eingeteilt, sondern einfach eine Zeit für sich!!!

Paare sollten darauf immer wieder achten und den anderen auch mal gehen lassen, auch wenn der Partner gerne heute etwas mit ihm machen möchte. Absprachen sind wichtig, um sich zu verstehen!

Gott möchte Absprachen der Liebe und in Liebe gesprochen!!!
Wichtige Regeln für eine Beziehung sind:

- Den anderen annehmen mit seinen Stärken und Schwächen.
- Den anderen in seinem Tun unterstützen, so wie es möglich ist.
- Freiräume lassen für die individuelle Entwicklung.
- Immer wieder nach den Wünschen / Bedürfnissen des anderen fragen.
- Kleine Aufmerksamkeiten verschönern den Alltag!
- Redet in Liebe zueinander, schaut euch dabei genau in die Augen.
- Überhaupt ist es sehr wichtig, bei einem Gespräch dem anderen in die Augen zu schauen!
- Sollte es Ärger oder Streit geben, kommt immer in Liebe zurück .... Ihr wisst, eine Entschuldigung von Herzen gesprochen, ist immer möglich.
- Liebt einander, so wie ich es tue. So ist mein Bild in euch und ich bin in euch.
- Die Liebe ist das höchste Gefühl aller Zeiten.

<u>Amen ich sage euch:</u>

Wo zwei Menschen sich mit dem Herzen lieben, da bin ich mitten unter ihnen. So sprach´s der Herr!

Das große Thema Verhütung

Viele Religionen diskutieren das Thema Verhütung! Hierfür sieht Gott **kleine Regeln** vor.

Du musst dich schützen, wenn sichergestellt ist, dass der Partner eine Krankheit hat, die sich übertragen lässt.

Du musst wissen, dass bei jedem Geschlechtsverkehr ein Kind entstehen kann.

Von daher solltest du bewusst Liebe machen, d.h. wenn dein Herz ja sagt, dann ist es in Ordnung und für dich gut so!!

Heutzutage wird aus „Liebe machen", **Sex** gemacht, es wird nur auf seine Befindlichkeiten und Gier geachtet!! **Das ist aber keine Liebe!**

Liebe machen, geht vom Herzen aus und ist mit dem Wort Sex **nicht** verwandt.

Gott möchte **Liebe!** Liebe unter den Paaren. Geschlechtsverkehr ist der Höhepunkt zwischen den Liebenden und nicht der Hauptbestandteil einer Beziehung!

Gott möchte, dass sich der **Mensch bewusst** macht, dass Geschlechtsverkehr dazu dient, ein Kind auf die Welt zu bringen.

Gott möchte, dass der Mensch seiner Handlung sicher ist. Dazu kannst du ihn befragen. Nur Gott sagt dir den guten passenden Weg!!

Gott möchte, dass der Mensch sich nicht von äußeren Rahmenbedingungen blenden lässt, z.B. nur auf das Äußere des Menschen schaut. Gott möchte, dass der Mensch den anderen mit dem **Herzen sieht und danach handelt.**

Zum Thema Verhütung sieht Gott vor:

Du musst dir **sicher sein, dass das dein Partner ist. Dazu muss dein Herz ja** ☺ **sagen.**

Verhütung sollte man mit dem Partner, den man liebt, absprechen! Dazu spricht Gott in die Herzen des jeweiligen, wie es zu tun ist!

Gott macht keine generellen Aussagen zur Verhütung. Er möchte, dass jeder auf sein Herz hört ..... . Er sagt dem jeweiligen, was gut ist.

Gott lehnt aber Abtreibung ab. Wenn ein Kind auf die Welt kommen will, dann ist es im Himmel schon besprochen gewesen, dass es kommen kann. Gott schenkt dem Menschen das Leben und nimmt es wieder; nur er allein!!!

Es hat schwere Folgen, wenn der Mensch sich für eine Abtreibung entschließt!!!

Folgen unter denen der jeweilige Mensch oftmals leidet; Depressionen, Alpträume, usw.

Wenn ein Kind kommen möchte, lass es zu ..... .

Gott sagt dir, was zu tun ist!! **Um es allen Religionen auf der Welt zu sagen:** Gott möchte, dass jeder auf sein Herz hört .... . Da wird kein Unheil, Angst, Unfriede unter uns sein!!! Nur er spricht in dein **Herz!** Und um die **Diskussion** von **Verhüten oder nicht zu beenden,** Gott gibt dafür vor, **hört auf euer Herz!!**

Nur er sagt dir, was richtig ist, nur er allein!

Amen ich sage euch:
Wer auf sein Herz hört, der hat den Himmel auf Erden!

Familie

Gott liebt die Familie!!!

Familie ist das, was Gott möchte .... . Ein Verbund zwischen den Menschen in der Familie.

Familie leben ist doch in der heutigen Zeit schwer, teilweise geht jeder seinen eigenen Weg und sieht sich nur selten!! Wann überhaupt?!! Gott möchte, dass die Familie zusammenhält. Jedes einzelne Familienmitglied soll sich gegenseitig Stütze sein, Halt .... . In der Familie soll Offenheit, Geborgenheit, Liebe und Vertrauen kein Fremdwort sein!! Gott möchte Liebe pur in der Familie!! Der Zusammenhalt soll durch Vater und Mutter, in der Zeit des Großwerdens der Kinder, vorgelebt werden und somit die Kinder prägen. Wichtig ist was Vater und Mutter vorleben. Vor allem <u>muss</u> es echt, wahr und wahrhaftig sein!! Kinder spüren wenn Eltern Dinge einfach nur so sagen ohne dahinter zu stehen.

Familie ist der Grundstock für ein heranwachsendes Kind in der Familie. Das Kind kann sich in der Familie mehrere Herzensweisheiten von den Eltern, Großeltern und anderen Familienmitgliedern einholen. Es hat mehrere Möglichkeiten des Lernens und hat auch so die Wahl, Dinge anzunehmen oder es zu lassen.

Gott liebt die Vielfältigkeit!!!

Ein Kind soll der Familie nicht entzogen sein!!! Zum Beispiel kein Kontakt mit Oma und Opa, oder ähnlichen, haben. Ein Kind soll alle Möglichkeiten des Lernens erhalten. Von jedem Familienmitglied lernt es etwas anderes!!! So kann das Kind sein Herz öffnen für Neues, Gelerntes, mit altem, bestehendem Wissen vergleichen und entscheiden, ob es gut für sich ist!!!

Gott möchte, dass Zusammenhalt ist!!!

Friede in der Familie!!

Jeder <u>soll</u> gleichberechtigt sein!!

Jeder hat das Recht seine Meinung zu äußern!!!

Gott möchte, dass die Familie gemeinsam isst!!!

Im gemeinsamen Essen liegt viel <u>Sinn!</u> Es sagt das Wort schon – gemeinsam – also ein Verbund leben.

In der jetzigen Zeit ist Computer, TV und ähnliches angesagt. Hauptsache man hat seine <u>Ruhe</u> !

Das ist nicht das Lernen welches Gott will. Eltern sollen sich mit ihren Kindern beschäftigen, ihnen zuhören, miteinander reden, diskutieren, Meinungen kund tun. Beim gemeinsamen Essen ist das gut möglich!!! Gott möchte gemeinsame Mahlzeiten, an denen alle Familienmitglieder teilnehmen. Es kann schon vorkommen, dass es mal nicht möglich ist!!

<u>Aber die Regel soll „gemeinsam" sein!!</u>

Wo zwei oder drei in meinem Namen versammelt sind, da bin ich mitten unter ihnen.

<u>In der Gemeinsamkeit liegt Segen und tiefer Frieden.</u>

Eltern sollen wissen, dass Essen und Trinken den Körper stützt. Die Seele braucht auch Nahrung, sonst verkümmert sie. Seelennahrung ist <u>Gemeinschaft leben!!!</u> Körper, Geist, Seele: die Ganzheit macht den Menschen aus, der in Licht und Liebe dann seinen Weg gehen kann. Viele Therapeuten spezialisieren sich immer nur auf ein Gebiet!!!

Gott möchte die Ganzheit!!!

Ohne gesundes Essen und gutes Trinken kann der Körper nicht Gutes tun, bzw. ist nicht so leistungsfähig, wie er sein könnte. Genauso wichtig ist die Seelennahrung. Man kann auch sagen: für das Herz. Herz und Seele sind eins! Es nennen die Menschen nur unterschiedlich.

Seelennahrung ist, dem Menschen Werte und Normen vermitteln, Liebe, Geborgenheit, Wahrheit und Vertrauen. Ebenso ist die geistige Entwicklung wichtig. Das Geistige für das Intellektuelle ist gemeint, und auch das Geistige für das Spirituelle – den Zugang zu Gott!

<u>Gott – Vater, Sohn und Heiliger Geist!</u>

Ein Kind muss spüren, ich kann die Wahrheit sagen!!

<u>Ich kann mich entfalten und zu einer Persönlichkeit heranwachsen!!!</u>

Die Wahrheit ist heute nicht mehr so gefragt! Oftmals versucht so mancher die Wahrheit zu vertuschen, oder erst gar nicht zu sagen, um nicht in unangenehme Situationen zu kommen!!

Doch die Wahrheit ist das Wichtigste, um einem Menschen zu begegnen!!! Durch die Wahrheit findet man Vertrauen zu diesem Menschen!! <u>Gott ist die Wahrheit, die in einem jeden Menschenherzen steckt!!!</u>

Das Vertrauen kommt von Gott, d.h. das Vertrauen auf ihn!!!

Und dann das Vertrauen auf Vater und Mutter! Deshalb ist es wie ein kostbarer Schatz, wenn Eltern ihrem Kind die Wahrheit vermitteln!!

Ein Kind sagte des Öfteren zu mir: „Du, man muss immer die Wahrheit sagen." Und es leuchteten die Augen, weil dieses Kind erkannt hat, wenn es der Wahrheit in seinem Herzen folgt, geht es ihm gut!!! Eine Erleichterung war bei diesem Kind zu sehen, die Wahrheit zu sagen! ☺

Wenn wir Menschen untereinander die Wahrheit sagen, dann ist <u>wahrer Frieden und Freude unter uns Menschen!!</u>

Warum soviel Streit, Hass und Gewalt?!!

Weil die Menschen nicht mehr die Wahrheit sagen!!!! Oftmals geht es um Geld, Macht und andere korrupte Dinge!! Einer macht den anderen "klein", um selbst "groß" zu sein!!! Doch was ist <u>wahre</u> Größe? Sich auch Fehler eingestehen oder Fähigkeiten, die ein anderer Mensch hat, anzunehmen ohne Neid zu entwickeln! Wahre Größe ist, seinem Herzen zu folgen und jedem Menschen Achtung, Respekt und Wertschätzung zu geben!!! Im Verbund mit der <u>Liebe!</u>

Familienleben beinhaltet mehr als miteinander zu reden. Familie ist füreinander Halt und eine Stütze zu sein!! Lösungen für Dinge gemeinsam finden, Ideen und Aktivitäten gemeinsam zu schmieden. Familie ist <u>Liebe pur!</u>

Familie ist in Gottes Sinne!

Es liegt viel Segen auf einem jedem und im Zusammenhalt viel <u>Sinn!</u>

Gemeinsam ist man <u>stark!</u>

Ein jeder Mensch kann sich an den Fähigkeiten des anderen erfreuen, ihn um Hilfe bitten und somit es sich zu Eigen machen.

So braucht kein Familienmitglied <u>schwach zu sein!!</u> Weil sich jeder durch den anderen ausgleichen kann.

Vater, Mutter, Großeltern, usw. sollen dem Kind die Liebe Gottes mitteilen! Vor den Mahlzeiten soll gebetet werden. Es soll jedes Familienmitglied die Möglichkeit haben abwechselnd ein Gebet selbst zu formulieren, denn jeder betet anders und um andere Dinge. So kann jeder vom anderen lernen!!

Kleine Kinder sollen, bevor es zu Bett geht, von Vater und Mutter ein Schlaflied, Geschichten von Gott hören, um so ruhig einschlafen zu können. Kinder brauchen einen Anfang des Tages mit Gott, zu den Mahlzeiten und einen Tagesabschluss mit Gott, um sich rundum geborgen und sicher zu fühlen.

Auch der Erwachsene soll jeden Tag, im Alltag, immer Zeit für Gott haben. Mit ihm ins Gespräch kommen und Ruhe für sich selbst haben!! In der Ruhe und Stille liegt die Kraft!!! Kraft tanken dank göttlicher Energie!!!

Gott soll dein stetiger Begleiter sein!! Hand in Hand mit ihm!!

<u>Gott braucht keinen besonderen Ort, der als solches geschrieben ist!! Weil Gott in dir wohnt!!!</u>

Die Liebe Gottes ist: liebe dich, liebt euch, so wie ich euch liebe! Das ist <u>ALLES!!</u> Gott ist nicht kompliziert, wie es in einigen Büchern zu lesen ist!! Und doch, nur wenige verstehen!!

<u>Gott ist einfach!!!</u> Und doch so <u>genial!!!!!</u>

Es braucht keine komplizierten Schriften über Gott. Das möchte Gott mit diesem Buch ausdrücken!! So dass es jeder Mensch verstehen kann, so ist es geschrieben. Gott ist auch kein strafender Gott, wie es in einigen Schriften zu lesen ist!!!

Gott ist <u>Liebe pur!</u>

Jetzt fragen sich sicher viele, warum lässt Gott Hunger, Not und Leid zu?!!!

Weil er den Menschen den freien Willen gegeben hat zu <u>Tun!!</u> Natürlich wünscht, möchte Gott, dass du ihm folgst!! Er zwingt aber niemanden. Er lässt den <u>freien Willen!!</u> Hunger, Not, Leid, u. u. u. ist ein Werk der „Dunklen", der dunklen Gedanken, nicht in seinem Sinne zu handeln!! <u>Was du einem meiner Nächsten getan hast, das hast du mir getan!!! Auf der Welt braucht kein Hunger sein, kein Leid, wenn wir Menschen endlich anfangen uns menschlich in Liebe zu verhalten und uns gegenseitig helfen!! Wenn wir den Nächsten sehen, ihn achten und beachten!</u>

Es kommt die Zeit, in der ein Umdenken in den Menschen notwendig sein wird!!! Weil in der Welt „das Dunkle" sich weit ausgebreitet hat, sich auf der anderen Seite das <u>Licht klar</u> positioniert hat!! Es wird immer Menschen geben, die den Lichtweg zu Gott gehen möchten!! Es wird ein neues Zeitalter sein, ein Umdenken ins Licht.

Familie ist ein großes Wort und ein wichtiger Bestandteil in unserem Leben.

Die Familie fängt einen auf, gibt Halt und Kraft in guten und schwierigen Zeiten!!!!

Die Zeit mit der Familie ist von großer Bedeutung!!!!

Es sollte für jedes Familienmitglied so wichtig sein, dass man alles andere auch mal zur Seite legt, denn die Zeit für wichtige Gespräche und das Miteinander kommt nicht gleich wieder zurück.

Die Familie hat einen großen Stellenwert im Glauben und in der Gesellschaft.

Jeder Mensch braucht den Halt in der Familie, so wie Weihnachten ein Fest der Familie ist und immer sein wird!!!!!

Familie ist ein unsichtbares Band das zusammenhält, in der man sich gegenseitig die Hände reicht.

Zusammengehörigkeitsgefühl ist Liebe!!!

Die Mutter - Vater - Kind- Beziehung

Die Geburt ist der Eintritt ins Leben und ein großes Ereignis für Mutter, Vater und Kind. Das Kind will aus der Enge hinaus ins Leben. Die Mutter hat es sehr lange Zeit behütet und ihm durch ihr Leben das Leben in ihr ermöglicht. Nun ist es an der Zeit in diese Welt einzutreten. Dies geschieht nicht ohne Schmerzen. Die Empfängnis sollte unter Freuden, Glück und Seligkeit stattfinden!

Eine Geburt erfordert von einer Frau ihre ganze Kraft!!! Selbst wenn eine Frau mehrere Schwangerschaften erlebt, wird sie es jedesmal anders erleben. **Die Geburt eines Kindes ist ein Geschenk Gottes, ein Geschenk an den Menschen, wie sehr Gott die Menschen liebt.**

Eine Geburt hinterlässt Spuren bei einer Frau. Spuren in der Seele und am Körper. Im Gesicht und in der Aura. Mutter zu sein ist eine große Aufgabe. Muttersein beginnt am Tag der Befruchtung!!

Jede Geburt ist ein Wunder von Gott!!!!

Jede Geburt verläuft anders, weil jeder Mensch einzigartig ist!

Jede Geburt hinterlässt Spuren in der Welt!

Das Kind im Mutterleib bekommt mit wie Vater und Mutter miteinander umgehen.

Kinder sind ein Werk GOTTES.

Kinder sind die Wunder GOTTES.

Jedes Kind hat seine eigene Aufgabe mit auf diese Welt bekommen. Mit diesem Lebensplan in der Seele kommt es schon auf die Welt. Es braucht die Eltern, damit es wachsen kann, wachsen an Leib und Seele.

Mutter und Vater sollen Vorbild sein.

Vater und Mutter sollen dem Kind die Wurzeln geben, damit es im Leben einen festen Platz bekommt. Es ist erwiesen, dass man mit Kindern sprechen muss, damit sie gut gestärkt durchs Leben gehen können.

Gott begleitet jede Seele auf ihrem Lebensweg. Vater und Mutter sind Vorbilder und Wegweiser.

Mit der Schwangerschaft fängt eine lebenslange Beziehung zwischen Mutter – Vater und Kind an.

Jedes Kind ist einmalig und einzigartig.

Eltern haben ein Gottesgeschenk in der Hand, wenn ihr Kind geboren wurde. Es gibt nichts Größeres als die Liebe. Es gibt verschiedene Phasen im Leben eines Kindes. Manchmal kann es eine Mutter und ein Vater nicht abwarten bis das Kind endlich „Mama" und „Papa" sagen kann, laufen kann und größer wird. Dabei ist jede Phase gleich wichtig.

Wenn ein kleines Wesen die Mutter, den Vater, die Geschwister oder ihm bekannte Gesichter anlacht, dann trifft es ins Herz, ☺ und dieses Herz wird bewegt. Wenn Vater und Mutter auf ihr Herz hören, dann ist ER bei ihnen!

Kinder sind LEBEN. Kinder brauchen wiederum andere Kinder damit sie wachsen können. Die Kinder reden untereinander nonverbal von und mit Gott. Sie können sich an ihn erinnern. Und dieses Vertrauen, dieses gewachsene Gottvertrauen, kennen alle Kinder.

Menschen sind Gottes Kinder.

Gott ist die Freude.

Gott ist die Liebe.

Es sollte selbstverständlich sein, dass die Mutter und der Vater ihrem Kind von Gott erzählen.

Kinder sind eine lebenslange Aufgabe.

Vater und Mutter sollten immer wieder in Worte fassen: ich liebe dich, so wie du bist, mein Kind.

Die Pubertät ist eine große Herausforderung für die Eltern. Kinder möchten und müssen ihre Grenzen erfahren und hinterfragen. Es gibt oft Umstände, warum Menschen, über die Geduld der Eltern hinaus, so handeln.

<u>Ein Kuss ist die Liebe ohne Worte.</u>
Wer Liebe aussät, erntet Liebe. ☺
Die Liebe bleibt bis in alle Ewigkeit.

Gott will Wahrhaftigkeit!!!!

Ein Kind / junger Erwachsener brauchten die Liebe von Mutter und Vater.

Ein Kind hat immer einen festen Platz im Herzen der Mutter und des Vaters.

Gott schenkt uns seine unendliche Liebe und wir dürfen sie weitergeben.

Loben / Streicheln / Kritik – Zurechtrücken der göttlichen Ordnung im Menschen

Es liegt im Wesen jedes Menschen, dass er es gut machen möchte. Selbst die kleinsten Kinder sind bemüht, der Mutter oder dem Vater, bzw. den anderen Mitmenschen es recht zu machen. Sie reagieren auf die Stimme, auf die Gestik und die Mimik. Zurechtrücken bzw. Kritik gehört ebenso zur Erziehung. Man kritisiert kein Kind nur mal so, weil es etwas gemacht hat mit dem man nicht einverstanden war. Kritik ist ein Zurechtrücken von Ein- und Ansichten der göttlichen Ordnung im Menschen. Man kann mit viel Liebe in der Stimme kritisieren. Das Kind wird heraus hören ob es notwendig war.

Die Pubertät ist ein anderer Fall. Dort werden Grenzen erprobt und ausgetestet. In der langen Zeit vorher wird der Grundstock dafür gelegt. Man kritisiert kein Kind, weil man als Erwachsener heute schlecht gelaunt ist.

Wenn ein Kind gelobt wird, wird sein Selbstwertgefühl gestärkt. Es traut sich etwas zu, wenn es erfahren durfte, es war richtig.

<u>**Lob ist Ansporn!!!**</u>

<u>**Lob ist Liebe!!!**</u>

Lob ist Seelennahrung!!!!!

Lob ist ein Streicheln mit Worten!!!

Lob ist Gottes Liebe weiter reichen!!!

Lob ist sogar dort angesagt wo man, nach eigener Ansicht, etwas noch besser machen könnte. Kinder sind keine kleinen Erwachsenen. Wenn man ein Kind lobt fühlt es sich angenommen, behütet und verstanden. Die Gaben jedes Kindes sind andere. Man darf auf keinen Fall vergleichen wie weit ein anderes Kind es schon gebracht hat. Das eine Kind kann gut malen, das andere besser sprechen.

Jedes Kind ist einmalig!!!!!
Jedes Kind hat seine Talente!!!!!
Jedes Kind will geliebt sein!!!!!!
Man missbraucht die Seele eines Kindes, wenn man ihm Lob vorenthält!!!!!
Gelobt zu werden ist ein Grundbedürfnis!!!

Kinder, denen man Lob vorenthält, werden unsichere Erwachsen, die sich schwer tun Lob anzunehmen. Man muss das Lob aussprechen, es nützt nichts, wenn man sich heimlich freut. Das Kind muss miterleben, die Mutter oder der Vater fühlt mit mir. Richtiges Loben zeigt Größe. In der Erziehung und Entwicklung eines Kindes ist Lob ein fester Bestandteil. Hinkt ein Kind in seiner Entwicklung etwas nach, ist ein ehrliches Lob eine Motivation. Loben heißt auch, sich mit dem Kind zu freuen!!!!

Ein kleines Kind braucht nicht mehr Lob als ein größeres.
Ehrliches Lob ist gefüllt mit tiefer Herzensliebe!!!!!
Falsches Lob ist berechnend!!!
Durch falsches Lob kann man manipulieren, und das ist ein schwerwiegender Fehler. Jede Seele braucht Lob als Streicheleinheit.

Loben ist streicheln mit Worten!!!!

Fehlendes Lob kann sich im weiteren Leben in vielfältiger Form als Mangel aufzeigen. Jede Mutter und jeder Vater kann sich auf das eigene Gespür verlassen, wann sie / er loben soll und wann nicht. **Sie können sich auf dieses Gespür verlassen, wenn sie Gott mit in ihre Erziehung der Kinder einbeziehen. Gott ist die Liebe. Und erziehen mit Liebe ist durchtränkt von Gottesliebe.**

114

Kritik gehört auch zur Erziehung eines Kindes. Man muss sich aber in jedem Fall fragen, ist die Kritik hier berechtigt? Kritisieren ist ein Hinweisen!!!! Kinder, die nie kritisiert worden sind, erkennen ihre Grenzen schlechter.

Kritik sollte ebenfalls mit viel Liebe geschehen. Unbegründete Kritik ist vernichtend für eine junge Seele. Ein Kind muss unbedingt wissen, dass die Kritik nur für ein bestimmtes Handeln angebracht ist. Es muss auf die Erfahrung zurückgreifen können, ich werde von meiner Mutter und meinem Vater geliebt. Nur in diesem Fall werde ich kritisiert, sonst bin ich geliebt. Alles andere ist Liebesentzug!!!! Kritik muss auf wenige Angelegenheiten beschränkt sein. Es gibt auf jeden Fall mehr zu loben als zu kritisieren. Kritik im richtigen Moment will auch gelernt sein. Erfahrene Kritik kann zum Gerüst werden, wenn sie berechtigt war. Dann weiß das Kind in anderen Fällen wie es sich in bestimmten Situationen verhalten soll. Ein Gerüst ist eine Gehhilfe. Daran kann ich mich orientieren. Es zeigt mir meine Grenze auf, darf aber keinesfalls eine Einschränkung sein. Übertriebene Kritik macht mutlos!!! Mutlose Kinder werden schwach und gegebenenfalls krank in ihrer Seele. Berechtigte Kritik kann ein Ansporn sein es besser oder anders zu machen. Kritik sieht in jedem Lebensalter anders aus. Man muss das Alter des Kindes berücksichtigen und die Lebensumstände.

Kritik muss berechtigt sein!!!!
Selbst durch die Kritik hindurch muss die Liebe sichtbar sein!!!!!
Für unberechtigte Kritik muss man sich entschuldigen!!!!
Kritik sowie Lob ist berechtigt, wenn die Situation es erfordert!!!!
Nur Kritik und nie oder wenig Lob ist keine Erziehung!!!!!

Streicheln ist wortlose Liebe!!!!!
Streicheln ist ein Ausdruck von Liebe!!!!!
Ein Streicheln kann manchmal mehr bewirken als Worte es tun.
Streicheln tut beiden gut. Dem Empfangenen und dem Gebenden!!!!
Streicheln ist eine von Gott erfundene Möglichkeit Liebe zu vermitteln!!!!!
Streicheln ist Seelennahrung!!!!!!

Ein kleines Kind muss gestreichelt werden, damit es sich entfalten kann. Größere Kinder brauchen es ebenfalls. In der Pubertät wird es etwas schwieriger, denn Streicheln berührt den intimsten Raum, die Haut. Die Haut reagiert auf Streicheln, es beruhigt. In der schwierigen Zeit der Pubertät bestimmt das Kind selbst, welche Nähe es zulassen kann. Hier kann Streicheln ein Eingriff sein. In dieser Lebensphase braucht man sehr viel Fingerspitzengefühl dafür.

Was kann Streicheln bewirken?

Liebevolles Streicheln hat eine beruhigende Wirkung, es zeigt Zuneigung, Wohlwollen. Es zeigt Verständnis für den Anderen. Es vermittelt ein Angenommensein. Streicheln ist genau so wichtig wie Schlafen, Essen und Trinken. Gestreichelte Worte haben einen sehr großen Einfluß auf unser Befinden, auf unsere Psyche.

Streicheln – Liebe ist ein Grundbedürfnis wie Essen und Trinken.

Streicheln sollte eine Selbstverständlichkeit sein!!!!

Streicheln kann Worte ersetzten, kann Worte unterstreichen oder verdeutlichen. Streicheln kann sogar Berge versetzen. Niemand kann auf Streicheln verzichten!!!

Was Streicheln sein kann:

Wenn Sonnenstrahlen auf die Haut treffen, wird diese gestreichelt von Gottes Wärme. Wenn der Wind über die Haut weht, wird diese gestreichelt von Gottes Hauch. Wenn man von einem Kind angelacht wird, wird man gestreichelt von Gottes Liebe. Wenn man sich von der Natur berühren lässt, wird man gestreichelt von Gottes Allmacht.

<u>**Streicheln ist Zuwendung!!!**</u>

<u>**Niemand kann auf Zuwendung verzichten!!!!**</u>

Wenn Kinder älter werden

Die Zeit vergeht und die Kinder werden älter. Die Interessen des Kindes ändern sich. Es ist im Interesse der Eltern, dass die Kinder selbständig werden. Eine Mutter und ein Vater begleiten ihr Kind in allen Lebensjahren. Die Eltern begleiten ihr Kind, in Gedanken, ihr ganzes Leben lang. Es ist und kann ihnen nicht egal sein wie ihr Kind sich fühlt.

In der Zeit der Pubertät muss schon der Grundstock gelegt sein. Das Kind probiert seine Grenzen aus und muss sich dabei sicher sein, dass es von den Eltern geliebt wird. Für Eltern sowie für das Kind, kann es eine „unruhige" Zeit sein. Unter Umständen wird alles auf den Kopf gestellt, was den Eltern in Gedanken so klar und selbstverständlich ist. Man muss den Kindern die Gelegenheit geben ihre Gefühle auszudrücken. Kinder und Jugendliche können Fehler begehen, die nicht vorhersehbar waren für sie. Eltern haben dies zu berücksichtigen.

Die Liebe der Eltern muss sie über diese Zeit tragen!!!!!

Die ablehnende Haltung der Eltern, in dieser Zeit, kann fatale Folgen haben. Man muss wirklich nicht alles gut finden was in den Kindern vorgeht, doch man hat kein Recht, alles in seinem eigenen Sinne zu regeln. Kinder müssen nicht den Wünschen der Eltern gerecht werden.

Kinder sollen nach ihren Begabungen, ihren Talenten gefördert werden.

Ein Kind muss erzählen dürfen!!!!!

Von klein auf muss ein Kind mit den Eltern reden können!!!!!

Irgendwann am Tag muss es möglich sein, ein Gespräch mit dem Kind zu führen. In der schwieriger Zeit des Heranwachsens müssen die Eltern Gesprächsbereit- schaft signalisieren. Wenn sie mit ihrem Herzen erziehen, werden sie merken, wann der Zeitpunkt gekommen ist, sich etwas zurückzuziehen. Die Interessen der Kinder ändern sich mit der Zeit. Das Herz der Eltern kann diesen Weg immer mitgehen.

Das Kind verstehen, mit dem Herzen verstehen!!!!!!!!!

Verstehen ist   –   mit dem Herzen begleiten!!!!!

Die Liebe der Eltern zu ihrem Kind endet niemals!!!!!

Liebe wird geschenkt, sie kommt von Gott, denn Gott ist die Liebe!!!!!

Das Band der Liebe endet nicht!!!!!!!

Es liegt bei den Menschen, wie sie mit diesem Band umgehen!!!!!

Mit Kindern geht das Leben auf dieser Welt weiter.

Sicher gibt es immer wieder Konflikte zwischen Eltern und Kinder, selbst wenn beide es gut miteinander meinen. Es sind Menschen mit eigenen Gefühlen und Vorstellungen!!!!! Möglicherweise beruht es auf Mißverständnissen und dann ist ein Gespräch miteinander wichtig. Jeder Mensch hat jeden Moment die Möglichkeit sich frei für seinen Weg zu entscheiden.

Gottes Liebe erwärmt die Herzen, wenn sie es zulassen!!!!!

Gottes Liebe ist verlässlich!!!!!
Gottes Liebe bringt Verständnis zwischen den Generationen!!!!!

Liebe kann man nicht kaufen

Liebe kann man sich mit nichts erkaufen, auch nicht die Liebe seiner Kinder. Es ist ein Irrweg wenn man meint, ich erfülle meinem Kind jeden Wunsch und dafür hat es mich zu lieben. Das Kind nimmt es an und ist der Meinung es steht mir zu. Wenn es älter ist, und die Manipulation erkennt, kann es unter Umständen den Respekt vor den Eltern verlieren. Liebe ist keine Ware mit der man handeln kann. **Berechnende Liebe ist nicht in Gottes Sinn!!!!!**

Wenn Eltern sich nicht mehr erinnern können wie notwendig die einzigartige Liebe zu ihren Kindern ist, so sind sie nicht auf dem Lichtweg. Es bringt Unheil für das eigene Seelenheil, wenn man dem eigenen Kind diese Liebe vorenthält. **Dieses starke Band der Liebe zwischen Eltern und Kind kann mit materiellen Gaben nicht ersetzt werden.** Mit Liebe schenken ist etwas ganz anderes. Es berührt das Innerste im Herzen wenn man mit Liebe beschenkt wird. Es ist gleichgültig wie groß das Geschenk ist. Mit Freude und Liebe schenken berührt auch das eigene Herz zutiefst. Jede Menschenseele hat Sehnsucht nach Liebe.

Ein Leben mit Kindern geht in keinem Fall ohne Konflikte. Es sind verschiedene Menschen, die da aufeinander treffen. Wenn Konflikte mit Liebe gelöst werden, ist es in Gottes Sinne!!!!!

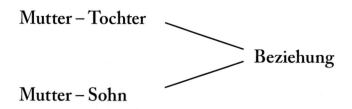

Die Mutterliebe ist für das Kind existentiell.

Die Mutter kennt und spürt das Kind von Anfang an, und im Mutterleib wächst schon die Beziehung zwischen Mutter und Kind.

Zwischen einer Mutter und ihrem Kind ist eine tiefe Verbundenheit, da sie schon im Mutterleib mit der Nabelschnur verbunden sind. Die Mutter ernährt das Kind und trägt es mit ihrem Wohlwollen. Eine Mutter trägt ihr Kind in die Welt, führt es an der Hand, zeigt dem Kind den Weg des Lebens.

Muttersein bedeutet bedingungslose Liebe!

In den Augen der Mutter ist ein Kind immer ihr Kind, egal welche Fehler es auch macht. Es ist ein Teil von ihr und bleibt es in alle Ewigkeit.

Verbunden bis in die Ewigkeit!!!!

Eine Mutter hat die Aufgabe ihr Kind auf sein Leben vorzubereiten.

Eine Mutter sollte bedingungslose Liebe zeigen, in Worten und Gesten.

Zwischen Mutter und Tochter ist es geschlechtsspezifisch. Eine Tochter schaut das Verhalten der Mutter ab …. . Sie will es ihr gleich tun!

Eine Tochter möchte bis zu einem bestimmten Alter, ca. 14 – 15 Jahre, so sein wie ihre Mutter. Ab dann sucht sie eine neue Identität. Eine Mutter soll für ihre Tochter Vorbild und gleichzeitig Freundin, Beraterin sein!!

Die Mutter – Tochter – Beziehung soll in jeder Hinsicht ehrlich, liebevoll und verständnisvoll sein! Egal was ihre Tochter tut. Sie soll beistehen und Tipps geben.

Mutter – Tochter heißt ein liebevoller, respektvoller Umgang miteinander, der von Offenheit und Geborgenheit geprägt ist!

Eine Mutter sollte wissen, dass ihre Tochter ihr Verhalten nachahmt und sie oftmals der Spiegel für ihre Mutter ist.

Von daher sollte die Mutter wieder und wieder ihr Verhalten hinterfragen, bzw. Gott fragen, ob es so gut ist! Eine Tochter schaut sich auch den Umgang ab wie sich Vater und Mutter verhalten. Für die Tochter kann es sein, dass sie aus diesem Verhalten heraus später ihren Mann auswählt. Weil sie das Verhalten, den Umgang so kennt und sie somit wieder sucht!

Mutter und Tochter sollten später im Erwachsenenalter, wenn es ideal verläuft, eine freundschaftliche Beziehung pflegen ….. . Immer mit dem Wissen, es ist meine Mutter, meine Tochter!

Mutter und Tochter sollten sich aber loslassen können, sich gegenseitig den Freiraum geben, der jedem Menschen zusteht.

Die Mutter muss im Erwachsenenalter ihre Tochter ziehen lassen um ihren eigenen Weg zu gehen, um neue Erfahrungen zu machen.

Mutter und Tochter wissen immer, wo sie sich finden und melden können!

Amen ich sage euch:
Es ist ein Geschenk des Himmels ein Kind Gottes zu sein!

Für die Liebe einer Mutter ist es völlig gleichgültig, ob es ein Junge oder ein Mädchen ist. Jungen müssen auch nicht in bestimmte Farben gekleidet werden. Das Geschlecht des Kindes darf nicht darüber entscheiden, wie groß die Liebe der Mutter zu ihrem Kind ist. Die Mutter liebt ihre Kinder und schenkt ihnen Fürsorge und Obhut. Wenn die Buben größer werden und ihren Platz in der Familie haben, dürfen sie nicht an die Stelle des Partners gesetzt werden. Sie dürfen niemals Partnerersatz werden. Das Kind muss seine eigene Meinung haben dürfen und diese auch vertreten. Er darf eigene Erfahrungen machen mit dem anderen Geschlecht. Die Mutter darf niemals Konkurrentin zur Freundin oder Partnerin werden. Der Vater vermittelt dem Jungen die Dinge aus seiner Sichtweise. **Die Mutter und der Vater müssen, wenn die Zeit gekommen ist, ihre Kinder loslassen, denn sonst können sie keine selbstständigen Erwachsenen werden.** Es gibt Mütter und Väter die sich an ihr Kind klammern. Sie wollen in deren Leben mitbestimmen. Es ist etwas ganz anderes wenn sie um Rat gefragt werden. Bei ihren Müttern können die Söhne lernen wie man mit Frauen umgeht. Die Mutter prägt die „weiche" Seite eines Mannes. Vom Herz her können auch Männer trösten und verstehen! Söhne können und müssen nicht immer stark und tapfer sein. Sie dürfen traurig sein und weinen dürfen.

Söhne sollen mit der Mutter kuscheln, sollen Zuneigung und Wärme erfahren!

Ein Sohn lernt von der Mutter den Umgang mit dem anderen Geschlecht kennen.

Vater sein heißt: Verantwortung, Liebe geben, Halt im Leben des Kindes geben.

Vater ist und wird man am Tag der Empfängnis.
Gott will verantwortungsvolle Väter!!!!!
Vater und Mutter sein, Hand in Hand mit ihrem Kind!!!!!
Vater und Mutter dürfen und sollen Gefühle zeigen. Die Liebe zu einem Kind fühlt sich anders an als die zu einem Partner. Gottes Liebe ist sehr vielfältig.

120

Wenn nun jeder Vater und jede Mutter auf sein / ihr Herz hört, wird es ihnen leicht fallen mit ihrem Kind zu reden, es zu streicheln und zu lieben.

Jedes Kind hat das Recht gehört und ernst genommen zu werden!!!!!

Jungen, auf der Reise ins Erwachsenenalter, wollen von ihren Vätern Halt und Hilfe!
Irgendwann ist es dann Zeit die Kinder loszulassen, die Türen immer offen zu halten und jederzeit bereit zu sein, die Kinder ihre eigenen Wegen gehen zu lassen.
Die Türe muss immer offen bleiben, denn ein Kind braucht ein Elternhaus. Es braucht Vater und Mutter, die es immer willkommen heißen. Junge Menschen sollen Versuche unternehmen ihr eigenes Leben zu gestalten. Ein gutes Miteinander und Angenommensein, von beiden Seiten, ist anzustreben. Es wird nicht immer ohne Meinungsverschiedenheiten möglich sein, denn beide Seiten haben ihre eigenen Vorstellungen und Möglichkeiten. Vater und Mutter tragen Verantwortung für ihr Tun.
Die Eltern untereinander sollen sich über die Richtung der Erziehung einig sein.

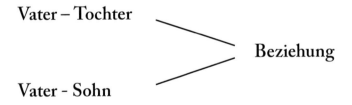

Ein Vater soll ein Vorbild für seine Tochter sein. So wie der Vater ist, nach dessen Vorbild, sucht sich eine Tochter einen Mann aus. Die Tochter braucht den Vater zum Anlehen, um sich in seine Arme schmiegen zu können, um auch mal von ihrem Vater gestreichelt und geküsst zu werden. Eine Tochter braucht die schützende Hand von ihrem Vater!!!! Der sie beschützt und führt!!! Eine Tochter soll wissen, wie sich die Liebe zwischen Mann und Frau anfühlt.
Es sind dabei keine erotischen, sexuellen Tätigkeiten gemeint, sondern Zärt-

lichkeiten wie z.B. einen an der Wange streicheln, in die Arme kuscheln, ein Küsschen zu geben!!!

Eine Tochter braucht Streicheleinheiten von ihrem Vater, um Vertrauen aufzubauen. Vertrauen das es gut ist!!!

Eine Tochter kann so später mit ihrem Mann Zärtlichkeiten austauschen zulassen, sie leben!!

Erfährt sie wenig Liebe von ihrem Vater, so kann sich dieses, im späteren Leben, auf ihre Beziehung zu einem Mann als Schwierigkeit aufzeigen!!

Weil sie damit keine Erfahrungen gemacht hat und nicht weiß, was zulassen und was nicht!!!!

Ein Vater muss eine Vertrauensbasis mit seiner Tochter schaffen, in der sich die Tochter fallen lassen kann und sich geborgen fühlt!!!

Ein Vorbild sein heißt: Verantwortung gegenüber dem Kind zeigen und Liebe geben.

Eine Tochter sucht Orientierung beim Vater. Also einen Halt im Leben!!!!!

Vater sein heißt: Vater im Herzen und im Sinn, also im Tun!!!!!

Vatersein ist immer!!! Man kann in seinem Tun vieles ändern, auch wenn man „Fehler" gemacht hat. Ein Vater sollte einem Kind zeigen, dass er für die Herzensangelegenheiten der Tochter immer ein offenes Ohr hat.

Vatersein heißt: für einen da sein!!!!!

Ein Vater soll ein Vorbild für seinen Sohn sein!!!

Sein Sohn schaut von ihm die „Männlichkeit" ab, z.B. wie sein Vater mit seiner Frau umgeht, sie liebt, in Worten und Taten. Ein Sohn schaut genau, was und wie der Vater Dinge, die zu arbeiten sind, angeht, sie meistert!!! Ein Sohn braucht Zeit nur mit dem Vater alleine!!! Um Gemeinsamkeiten zu entdecken und im Herzen zu verinnerlichen!!!! So wird die Beziehung gestärkt und vertieft!!!

Söhne möchten stolz auf ihre Väter sein und sagen können: das ist mein Vater!!!! Ein Sohn möchte eine Identität und die bekommt er vom Vater!!! Ein Vater soll seinen Sohn bei seinem Tun mit einbeziehen, ihm Dinge erklären und mit Rat und Tat zur Seite stehen.

Für die „Männlichkeit" im Mann ist der Vater von großer Bedeutung! Er gibt den Halt und die Sicherheit in den Sohn hinein, um selbst tätig zu werden!!!!

Der Vater aktiviert sozusagen die Selbständigkeit des Sohnes, in dem er ihm verschiedene Dinge zeigt und ihm beibringt!!! Vater sein ist Halt und Sicherheit geben!!!

Geschwisterliebe

Liebe unter den Geschwistern soll ehrlich und aufrichtig sein. Geschwister sollen sich gegenseitig helfen, unterstützen und ein offenes Ohr füreinander haben. Im Vordergrund steht aber die Liebe!!

Geschwister spüren voneinander, das heißt, sie spüren, dass sie Ähnlichkeiten haben, charakterlich, im Aussehen, Gestik, usw.. Sie spüren ein unsichtbares Band, das sie verbindet. Geschwister verstehen ohne Worte, weil sie den anderen kennen, ihn begleiten. Geschwister haben ist ein großer Segen, und jeder sollte sich daran erfreuen und sagen, es ist schön, dass du da bist! Wichtig ist die Ehrlichkeit untereinander, das Vertrauen aufeinander und die Achtung und der Respekt voreinander. So ist es gut möglich, eine harmonische Beziehung führen zu können, in der sich jedes Mitglied der Familie wohl fühlt. Geschwister lernen voneinander das Leben zu leben .... . Sie zeigen gegenseitig auf, so kann es gehen! Das Vorbild von Vater und Mutter spielt in der Geschwisterliebe auch eine große Rolle, das heißt, welch ein Bezug Vater und Mutter zu den eigenen Geschwistern lebt! Gott möchte, dass man in der Familie zusammen hält und sich gegenseitig stützt. Geschwister helfen in verschiedenen Lebenslagen! Geschwister halten uns oft den Spiegel hin und sagen „schau"... . Was nicht immer angenehm ist, aber für den Betreffenden wichtig um weiter zu lernen, bzw. den Selberweg zu gehen. Das gegenseitige Lernen voneinander, sich messen, das Können und Nicht – Können, das gegenseitige anerkennen, wertschätzen „das kannst du, das kann ich" ist von großer Bedeutung bei der Entwicklung des Menschen.

Wichtig ist immer, wenn man sich gegenseitig weh getan hat, was vorkommt, den anderen um Entschuldigung, bzw. Verzeihung zu bitten, so dass keine Kluft entsteht und der Kontakt abbricht. Gott möchte, dass die Familie zusammenhält bis in den Tod! Eltern geben einem die Wurzeln, und Geschwister helfen untereinander die Zweige, Äste zu verfeinern, sie mit neuen Möglichkeiten zu bestücken. Gott möchte, dass jedes Kind Geschwister hat. Kein Kind soll alleine aufwachsen. Für die Entwicklung eines Kindes ist es von großer Bedeutung einen

Menschen, der mit einem aufwächst, zu haben. **Gott liebt Kinder sehr, weil in ihnen sein Bild der Liebe noch nicht getrübt ist!!!!**

Es heißt nicht umsonst, werdet wie die Kinder, dann gehört euch das Himmelreich! Geschwister können dir helfen, wo Vater und Mutter nicht wissen was tun, bzw. der Betreffende kann sich mehrere Meinungen einholen und hat so die Möglichkeit im Kreise der Familie, seine Antworten zu finden. Gott liebt die Familie. Es ist ein wertvoller Schatz, der gut behütet und beschützt sein soll. Es ist in Gottes Sinne, dass alle Familienmitglieder miteinander den Bund der Liebe pflegen und gut Acht geben!!!!

Oft unterschätzt man, dass nur die Familie, und rein nur die Familie, helfen kann bestimmte Situationen im Leben zu meistern, bzw. anzugehen. Geschwisterliebe sollte aber nie soweit gehen, dass sexuelle Zärtlichkeiten ausgetauscht werden!! Gott gibt hierfür klare Regeln vor: Liebe unter Geschwistern soll bedingungslos sein – **echte Liebe ist immer bedingungslos.** Geschwister dürfen sich auf den Mund küssen, streicheln, umarmen! So soll der körperliche Kontakt aussehen, aber nicht mehr! Das ist ein Gesetz von Gott!!! Geschwister sollen sich Stütze sein, in allen Fragen des Lebens! Geschwister sollen ehrlich und aufrichtig zueinander sein, Zeit füreinander haben, helfen, einen durch das Leben begleiten. Geschwister sollen ein Herz füreinander haben und auf gegenseitiges Verständnis, Akzeptanz und Respekt achten. Sie sollen das Band der Liebe in der Familie fließen lassen und im Spüren und Tun gegenseitig den Zusammenhalt festigen!!! Ein jeder Mensch braucht einen anderen Mensch. Der Mensch ist nicht zum allein sein geboren. Gott möchte, dass keiner allein ist!! Doch jeder Mensch braucht täglich auch die Zeit für sich allein, um mit Gott reden zu können, ins Gespräch mit dem Vater aller Dinge zu kommen!!! **Dies ist auch eine sehr wichtige Regel. Wie willst du sonst auf Gottes Wort hören, bzw. den Weg mit Gott gehen. Du benötigst also jeden Tag auch Zeit mit deinem Vater, dort kannst du all deine Fragen stellen, ihn befragen .... .**

Gott hört immer zu. Er kennt dein <u>Herz</u>!

Hörst du ihm auch zu?!? Geschwister – Liebe im göttlichen Sinne ist, die Liebe füreinander, da zu sein, mit dem Herzen zu sprechen, von Herz zu Herz!!!

<u>Amen ich sage euch:</u>

Wer die Liebe in sich trägt der hat viel, viel zu geben und empfängt so automatisch Liebe zurück! Denn wer Liebe gibt, zu dem kehrt sie ins eigene Herz zurück.

Gebet von mir:

Lieber Gott, auch heute bin ich wieder sehr dankbar für deine Worte, und ich bin froh, dass ich meine Geschwister – Liebe leben kann!! Sie tut so gut! Danke Gott, dass du mir Geschwister an die Seite gestellt hast!!!

Liebe Leser und Leserinnen,

bis dahin soll Ihnen dieses Buch Stütze / Hilfe sein, den Weg zu Gott zu gehen. Den Weg zu dir selbst. Der Weg des Lichtes und der Liebe!

Ich wünsche es Ihnen!! Am Ende des Weges sehen wir den lebendigen Gott! Gott – Vater, Gott – Sohn und Heiliger Geist. Ich wünsche Ihnen einen von Frohsinn, Licht und Liebe getränkten Weg!!

Bis wir uns alle wieder sehen!!!

Amen, ich sage euch:

Wer die Ganzheit in sich findet, der hat mich gefunden!!!

Den lebendigen Gott!!!

Dankgebet von mir

Gott, ich danke dir heute das letzte Kapitel in deinem Sinn zu schreiben und ich danke dir, dass ich dieses Werk niederschreiben durfte!!!

Es erfüllt mich mit tiefer Dankbarkeit und Freude!!!

Dein Herzengel

Ich und Du verbunden auf Ewig

Wir Menschen sind alle miteinander verbunden, verbunden mit dem Band der Liebe!!!

Das Band ist wie eine unsichtbare Schnur, die die Herzen miteinander verbindet!!!

Gott möchte keine Völkertrennung nach Rassen oder Herkunft. Er möchte, dass alle Menschen sich verbunden fühlen, mit dem Herzen fühlen und sehen!! Der Mensch hat sich sortiert nach diesen Schemen! Wir sehen doch alle was dabei heraus kommt?!! Es gibt Kriege, Hass, Neid unter den Menschen, weil das Verständnis füreinander fehlt!! Würden sich die Menschen mischen, wären weniger Konflikte zu sehen und zu spüren!!! Gott möchte eine Mischung unter den Menschen. <u>Mit dem Herzen versteht jeder den anderen Menschen!!!</u> Denk mal darüber nach. Es gibt Städte, da ist Völkermischung zu sehen, und es funktioniert gut, weil sich die Menschen respektieren, achten und gegenseitig wertschätzen.

<u>Wenn jeder Mensch etwas näher rückt</u> und sein Herz <u>öffnet, ist eine Einigung, Zusammenhalt, Liebe zu spüren.</u>

Wir haben die **<u>Pflicht, Vorurteile abzulegen</u>** und den Menschen mit dem Herzen zu sehen!!!! **<u>Dies ist in Gottes Sinne!!!!!</u>**

Gott erschuf die Vielfältigkeit, so dass sich der Mensch dessen erfreut, und sich ihm neue Möglichkeiten und Erfahrungen aufzeigen. Ich und du verbunden auf ewig ..... . Wir sind alle verbunden, keiner ist besser oder schlechter vor Gott!!! **<u>Vor Gott sind wir Menschen alle gleich!</u>**

Und er verteilt die Liebe gleichermaßen!!! So verbunden fühle ich mich zu Gott, mit dem Band der Liebe verbunden!!!

Es ist für mich ein so wunderbares Gefühl. Ich danke Gott dafür, dass ich es verstehen und erfahren darf!

Auch möchte ich mich bei meiner Reikimeisterin zu **<u>tiefst</u>** bedanken! Sie hat mir den Weg aufgezeigt, und ich konnte so meine Lebensaufgabe, dieses Buch zu schreiben, erfüllen!!! **<u>Ich verneige mich und danke für eure Liebe!!!</u>**

Liebe Herzmama, dir ein paar Zeilen ..... . Ich hoffe, dass du mit diesem Buch siehst, dass ich es mit Hilfe von Gott und den Engeln geschafft habe, meinen Weg zu gehen!!

Ich bin meine „Altlasten" aus der Vergangenheit angegangen und habe sie himmelwärts geschickt. Es ist **ein Wunder**. Meine Vergangenheit hat Gott mir genommen und ich fange **neu** an!!!!

Ich danke dir sehr, dass ich von dir die **Liebe** spüren durfte!!! Ich werde nun mit meinem Herzensmann meinen Weg gemeinsam gehen und in Licht und Liebe Gottes Werk tun!!

In Liebe

Herzengel

Ich fühle mich für immer und ewig mit dir verbunden!!

Auch meiner Familie sei gedankt!!!

Tief „Danke" sagen möchte ich **vor allem meinem Sternengel** ☺, der so manche Stunde, mir zur Sternstunde machte!! **Denn Sternstunden sind besondere Stunden, die das Herz ❤ nie vergißt.**

Meinem Sonnenengel und Menschengel ☺ sei gedankt. Sie halfen mir „seelisch und moralisch", dass ich den Mut zeige und dieses Gottesbuch veröffentliche!!! So manche Stunde voller Gespräche waren sie geduldig meine Hilfe und Stütze!!! In Verbundenheit bis auf ewig!!!

Liebe Leser und Leserinnen,

ich wünsche Ihnen Stunden der Erkenntnis und dass sie durch dieses Buch einen **Zugang zu Gott finden!**

Ich wünsche es Ihnen von tiefsten Herzen, Gott zu spüren, hören und zu erfahren! Ich danke Ihnen für Ihr Interesse und Ihr Umdenken, so dass die Menschheit in Licht und Liebe gehen kann!!!!

Amen, ich sage euch:

Wer in Licht und Liebe den „Selberweg" zu Gott geht, der wird auf ewig leben, mit dem Band der Liebe verbunden und im Licht gehen können!!!

Ein kleiner Hinweis noch: das Lied „Ewig" von Peter Maffay ist wie ein kleines Gebet. Das Lied beschreibt die Verbundenheit zu Gott .... . Und ich schwör dir, du wirst mir nie zu wenig, ich gehör dir, wenn nicht für immer dann wenigstens **Ewig**!!!

In Liebe
Herzengel